Bayerisch-Schwaben

LILO SOLCHER

LIEBLINGSPLÄTZE
zum Entdecken

Bayerisch-Schwaben

LILO SOLCHER

KULTUR

GMEINER

Sofern hier nicht anders vermerkt, stammen sämtliche Bilder von der Autorin Lilo Solcher:
Ulrich Wagner 14, 56, 76; Gilbert McCarragher 18; Christian Grünwald 48; Jürgen Lersch 66; Norbert Liesz/www.norlies.de 80; Nik Schölzel/Kindermuseum Neu-Ulm 122; Stadt Donauwörth/Stefan Sisulak 138; Regio Augsburg Tourismus GmbH 188

Besuchen Sie uns im Internet:
www.gmeiner-verlag.de

Im Ehnried 5, 88605 Meßkirch
Telefon 07575/2095-0
info@gmeiner-verlag.de

1. Auflage 2018

Lektorat/Bildredaktion: Ricarda Dück
Satz: Mirjam Hecht
Bildbearbeitung/Umschlaggestaltung: Benjamin Arnold
unter Verwendung der Fotos von Lilo Solcher, Monica Cavalletti/Fotolia.com, traveldia/Fotolia.com
Kartendesign: Maps4News.com
Druck: AZ Druck und Datentechnik GmbH, Kempten
Printed in Germany
ISBN 978-3-8392-2193-8

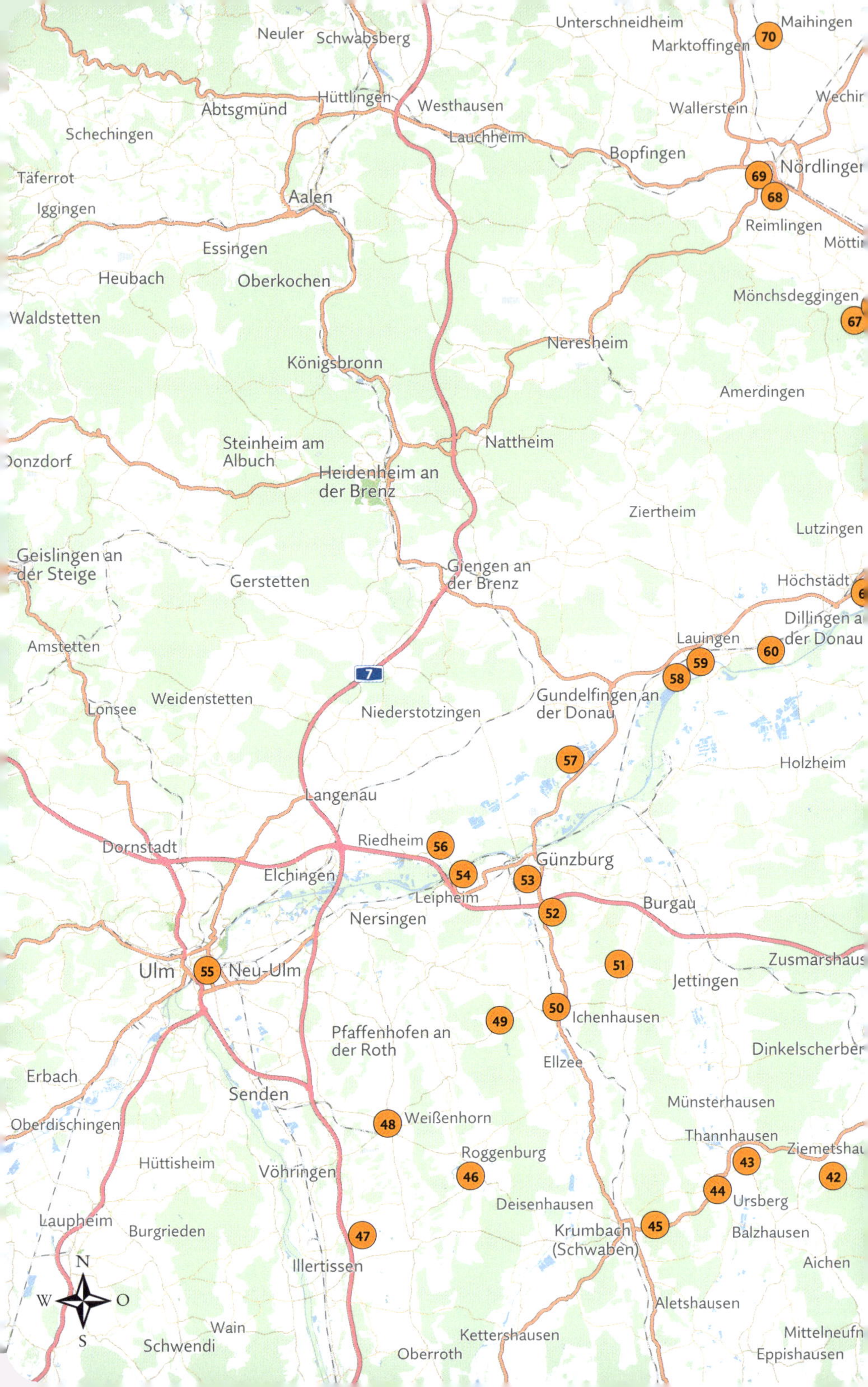

Neuler
Schwabsberg
Unterschneidheim
Maihingen
70
Marktoffingen
Hüttlingen
Abtsgmünd
Westhausen
Wallerstein
Wechir
Schechingen
Lauchheim
Bopfingen
Täferrot
69
Nördlinger
68
Aalen
Iggingen
Reimlingen
Mötti
Essingen
Heubach
Oberkochen
Mönchsdeggingen
Waldstetten
67
Neresheim
Königsbronn
Amerdingen
Steinheim am Albuch
Nattheim
Donzdorf
Heidenheim an der Brenz
Ziertheim
Lutzingen
Geislingen an der Steige
Giengen an der Brenz
Gerstetten
Höchstädt
Dillingen a der Donau
Amstetten
Lauingen
60
59
58
7
Weidenstetten
Gundelfingen an der Donau
Lonsee
Niederstotzingen
57
Holzheim
Langenau
Riedheim
56
Dornstadt
Günzburg
54
53
Elchingen
Leipheim
Burgau
52
Nersingen
Zusmarshaus
51
Ulm
55
Neu-Ulm
Jettingen
50
Ichenhausen
49
Pfaffenhofen an der Roth
Dinkelscherber
Ellzee
Erbach
Senden
Münsterhausen
48
Weißenhorn
Oberdischingen
Thannhausen
Ziemetshau
43
Roggenburg
42
Hüttisheim
Vöhringen
46
44
Ursberg
Deisenhausen
Laupheim
Burgrieden
45
Krumbach (Schwaben)
Balzhausen
47
N
Illertissen
Aichen
W
O
Aletshausen
S
Wain
Mittelneufn
Schwendi
Kettershausen
Oberroth
Eppishausen

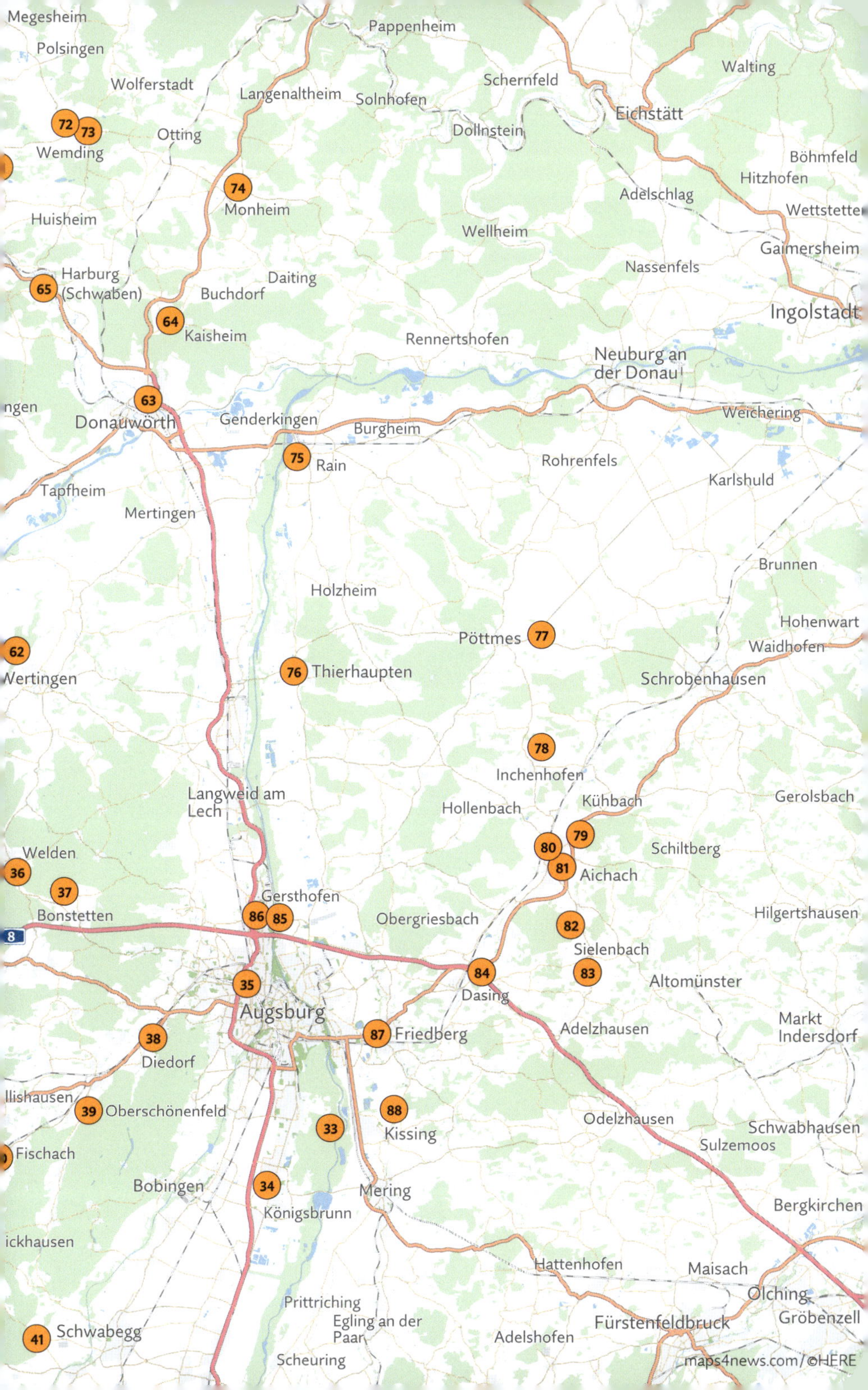

Megesheim
Polsingen
Wolferstadt
Pappenheim
Langenaltheim
Solnhofen
Schernfeld
Eichstätt
Walting
72
73
Wemding
Otting
Dollnstein
Böhmfeld
Hitzhofen
74
Monheim
Adelschlag
Wettstette
Huisheim
Wellheim
Gaimersheim
Harburg (Schwaben)
65
Daiting
Buchdorf
Nassenfels
64
Kaisheim
Ingolstadt
Rennertshofen
Neuburg an der Donau
63
ngen
Donauwörth
Genderkingen
Burgheim
Weichering
75
Rain
Rohrenfels
Karlshuld
Tapfheim
Mertingen
Brunnen
Holzheim
Hohenwart
Pöttmes
77
62
Waidhofen
76
Thierhaupten
Wertingen
Schrobenhausen
78
Inchenhofen
Langweid am Lech
Hollenbach
Kühbach
Gerolsbach
79
80
81
Aichach
Schiltberg
Welden
36
37
Bonstetten
Gersthofen
86
85
Obergriesbach
82
Hilgertshausen
8
Sielenbach
84
83
Altomünster
35
Dasing
Augsburg
Markt Indersdorf
38
87
Friedberg
Adelzhausen
Diedorf
llishausen
39
Oberschönenfeld
88
33
Kissing
Odelzhausen
Schwabhausen
Sulzemoos
Fischach
Bobingen
34
Mering
Königsbrunn
Bergkirchen
ickhausen
Hattenhofen
Maisach
Olching
Prittriching
Egling an der Paar
Gröbenzell
41
Schwabegg
Adelshofen
Fürstenfeldbruck
Scheuring
maps4news.com/©HERE

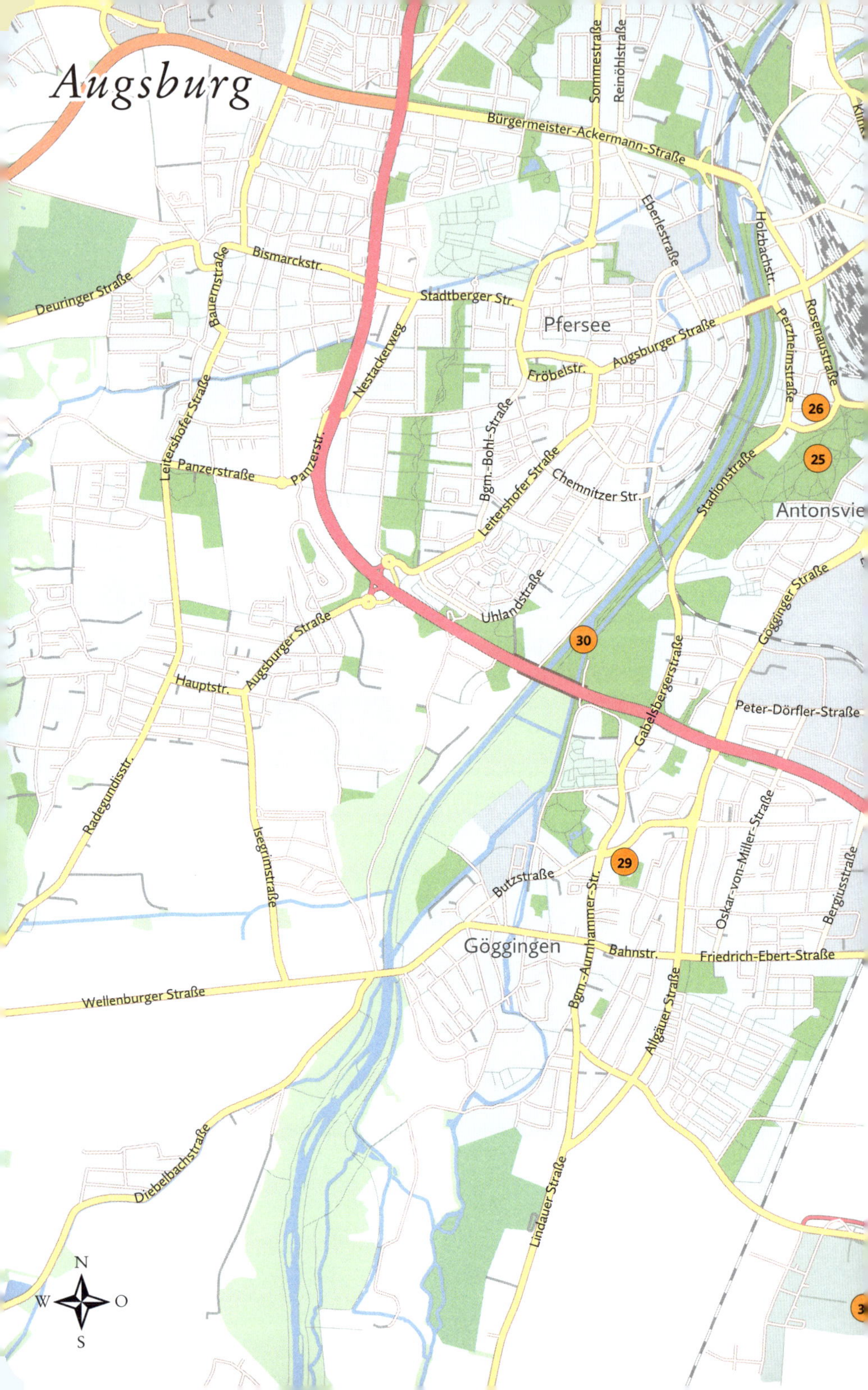

Augsburg
Bürgermeister-Ackermann-Straße
Sommestraße
Reinöhlstraße
Eberlestraße
Holzbachstr.
Bismarckstr.
Stadtberger Str.
Deuringer Straße
Bauernstraße
Pfersee
Augsburger Straße
Fröbelstr.
Perzheimstraße
Rosenaustraße
Nestackerweg
Leitershofer Straße
Bgm.-Bohl-Straße
Panzerstraße
Panzerstr.
Chemnitzer Str.
Stadionstraße
Antonsvie
Uhlandstraße
Göggingerstraße
Augsburger Straße
Hauptstr.
Gabelsbergerstraße
Peter-Dörfler-Straße
Radegundisstr.
Isegrimstraße
Oskar-von-Miller-Straße
Bergiusstraße
Butzstraße
Bgm.-Aurnhammer-Str.
Göggingen
Bahnstr.
Friedrich-Ebert-Straße
Wellenburger Straße
Allgäuer Straße
Diebelbachstraße
Lindauer Straße
26
25
30
29
N
W
O
S

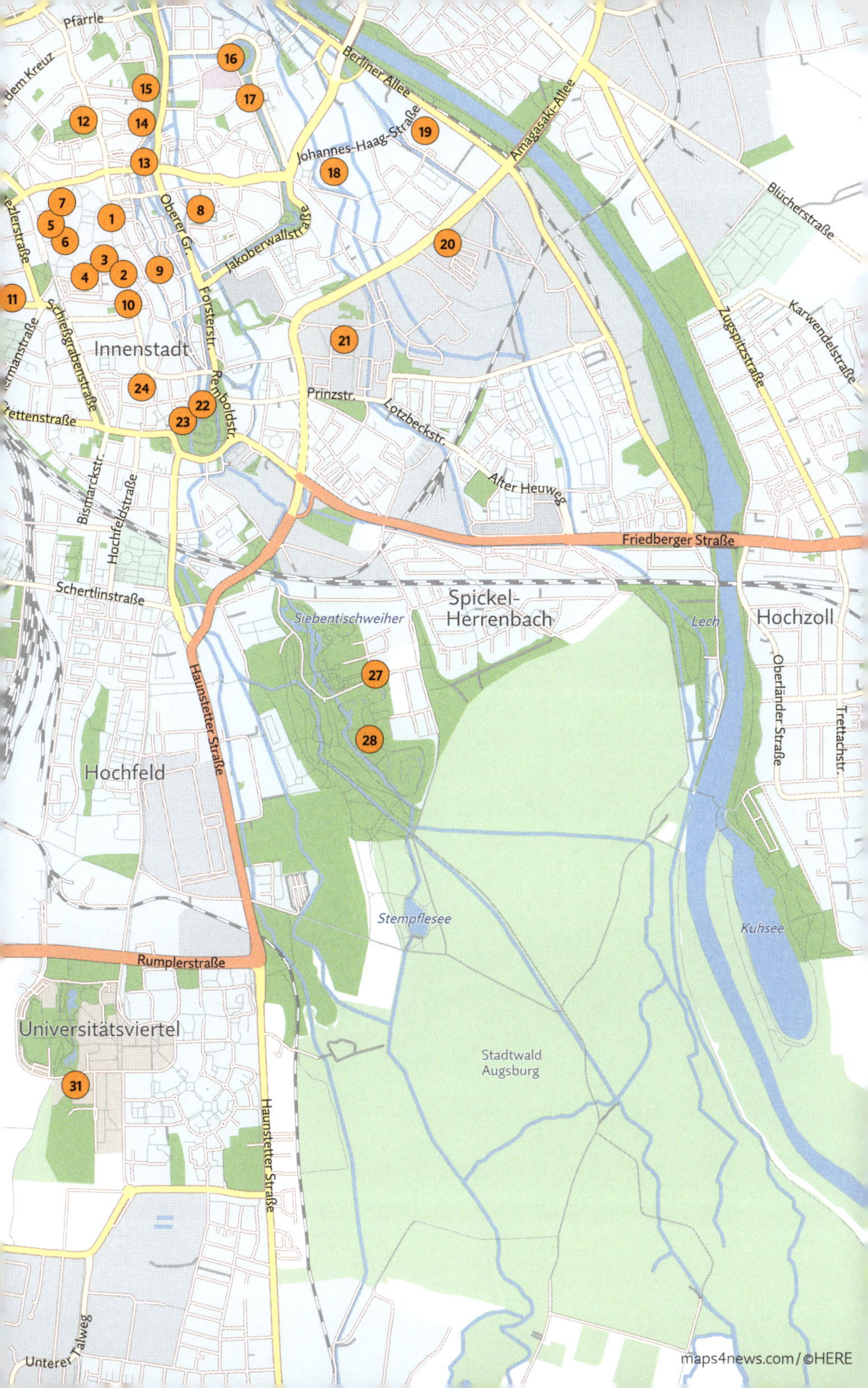
Pfärrle
Berliner Allee
Amagasaki-Allee
Johannes-Haag-Straße
Blücherstraße
Jakoberwallstraße
Oberer Gr.
Forsterstr.
Karwendelstraße
Zugspitzstraße
Innenstadt
Schießgrabenstraße
Remboldstr.
Prinzstr.
Lotzbeckstr.
Alter Heuweg
Bismarckstr.
Hochfeldstraße
Friedberger Straße
Schertlinstraße
Spickel-Herrenbach
Siebentischweiher
Hochzoll
Lech
Oberländer Straße
Trettachstr.
Hochfeld
Haunstetter Straße
Stempflesee
Kuhsee
Rumplerstraße
Universitätsviertel
Stadtwald Augsburg
Unterer Talweg
1
2
3
4
5
6
7
8
9
10
11
12
13
14
15
16
17
18
19
20
21
22
23
24
27
28
31
maps4news.com/©HERE

RATHAUSPLATZ /// 86150 AUGSBURG ///

WEITERE INFORMATIONEN ERHALTEN SIE BEI DER TOURISTINFORMATION AUGSBURG /// RATHAUSPLATZ 1 /// 86150 AUGSBURG /// 08 21 / 50 20 70 /// WWW.AUGSBURG-TOURISMUS.DE ///

SCHÖNE ENGEL UND EIN ARMER TEUFEL

Rathausplatz in Augsburg

1

Der Rathausplatz ist die gute Stube der Stadt. Hier sitzt man gerne in einem der Freiluftcafés, schaut aufs Rathaus oder auf den prächtigen Augustusbrunnen. Junge Leute rekeln sich in Grüppchen auf dem sonnenwarmen Pflaster.

Am 8. August jeden Jahres müssen sie zum Augsburger Friedensfest Tischen und Bänken weichen. Um diese versammeln sich dann Augsburger aus aller Herren Länder und der verschiedensten Glaubensrichtungen. An der »Friedenstafel« teilen sie ihre Speisen mit den Sitznachbarn. Priester, Rabbis, Imame und buddhistische Mönche sprechen über den Frieden, und multi-ethnische Bands treten auf. Es geht fröhlich zu und laut, auf diesem Festival der guten Nachbarschaft. Viel los ist ebenfalls im Winter auf dem Rathausplatz, wenn der Christkindlmarkt stattfindet. Stimmungsvoll wird es an den Adventswochenenden. Dann erscheinen auf dem Balkon des Stadthauses 24 anmutige Engel mit traditionellen Musikinstrumenten und stimmen das Lied *Vom Himmel hoch* an.

Auch ohne Engel ist das Elias-Holl-Rathaus, einer der imposantesten Profanbauten der Renaissance, ein Blickfang. Zwar brannte es nach dem Bombenangriff im Februar 1944 bis auf die Außenmauern nieder, doch die folgende Rekonstruktion ist gelungen. Heute können die Besucher sicher sein, dass im Goldenen Saal alles Gold ist, was glänzt.

Nicht ganz so prachtvoll, aber aus dem Stadtbild nicht wegzudenken, ist der Perlachturm neben dem Rathaus. Einmal im Jahr zum Kinderfest am Michaelistag, dem 29. September, erscheint am untersten Fenster des Baus das »Turamichele«. Der hölzerne Erzengel des Figurenspiels sticht zu jeder vollen Stunde im Takt der Glockenschläge auf den Teufel ein, der sich ihm zu Füßen krümmt. Mir hat der arme Teufel immer leidgetan. Heute zählen die Kinder die Stiche mit, ehe sie ihre Luftballons mit »Augsburger Friedensgrüßen« in den Himmel steigen lassen.

Den Perlachturm kann man besteigen und Augsburg aufs Dach schauen. Einmal im Jahr findet der Perlachturmlauf statt, einer der bekanntesten Turmläufe in Deutschland.

MAXIMILIANSTRASSE /// 86150 AUGSBURG ///

WEITERE INFORMATIONEN ERHALTEN SIE BEI DER TOURISTINFORMATION AUGSBURG /// RATHAUSPLATZ 1 /// 86150 AUGSBURG /// 08 21 / 50 20 70 /// WWW.AUGSBURG-TOURISMUS.DE ///

DER PRACHTBOULEVARD

Maximilianstraße in Augsburg

2

Ich träume von einer autofreien Maximilianstraße, von einem richtigen Boulevard, breit und großzügig, vielleicht mit Bäumen in der Mitte, mit Cafés und Bistros, dafür ohne parkende Wagen. Die verstellen nur die Sicht auf die sprudelnden Brunnen und die beiden Ulrichskirchen im Süden. Augsburgs Kaisermeile gehört sicher zu den schönsten Straßenzügen Europas. Hier kann man durch ein Bilderbuch der Architekturgeschichte spazieren, kann Bauten aus der Gotik bewundern, aus dem Rokoko und der Renaissance, aber auch aus der Neoklassik und der Nachkriegszeit.

Was man nicht sehen, jedoch fühlen kann, ist, dass die Ursprünge dieser Avenue noch weiter in die Geschichte zurückreichen. Auf einem kurzen Teilstück verlief die Via Claudia Augusta. Die Handelsstraße der Römer verband einst »Augusta Vindelicorum«, so der lateinische Name unserer Stadt, mit Oberitalien. Gut 1.500 Jahre später war die römische Niederlassung zwischen Lech und Wertach zur mächtigsten Finanzmetropole Europas aufgestiegen. Die reichen Patrizierfamilien siedelten sich an den Plätzen rund um Herkules- und Merkurbrunnen an, in den repräsentativen Wohngegenden. Bei Fuggers ging im 16. Jahrhundert die Prominenz ein und aus. Kaiser Maximilian I., Namenspatron der Straße, war ebenso zu Gast wie Karl V. oder Tizian und Dürer.

Ich weiß nicht, wie die Fuggerhäuser damals ausgesehen haben oder das *Palasthotel Drei Mohren* – beide wurden nach dem Zweiten Weltkrieg wieder aufgebaut. Doch die geometrisch gegliederten Fassaden in Braun- und Grautönen passen sich gut ins Straßenbild ein. Dem Betrachter verborgen bleiben die schönen Innenhöfe der Stadtpaläste. Wer allerdings beim Bummeln die Augen offen hält, kann an den Außenfassaden viele reizvolle Details entdecken und sich hineindenken in eine Zeit, als diese Straße das Zentrum der europäischen Finanzpolitik war.

Heute ist die Maximilianstraße auch Augsburgs Partymeile. Vor allem rund um den Herkulesbrunnen tobt des Nachts der Bär.

MORITZKIRCHE /// MORITZPLATZ 5 /// 86150 AUGSBURG ///
08 21 / 2 59 25 30 /// WWW.MORITZKIRCHE.DE ///
CAFÉ MORITZPUNKT – CITYSEELSORGE AUGSBURG ///
MAXIMILIANSTRASSE 28 /// 86150 AUGSBURG /// 08 21 / 2 59 25 33 ///

DER WEISSRAUM

Moritzkirche in Augsburg

3

Das muss man sich erst mal trauen: eine rund 1.000 Jahre alte Kirche zum Weißraum machen. Der britische Architekt John Pawson hat sich getraut. Seit seiner Umgestaltung erstrahlt die Moritzkirche, die mitten in der Stadt unter anderem der »Cityseelsorge« dient, in makellosem Weiß. Es ist diese Reinheit, die auf den ersten Blick verblüfft. Auf den zweiten fallen die dünn geschnittenen Onyxscheiben der Fenster ins Auge. Sie orchestrieren eine Art Lichtdom, in dem die Skulptur *Christus Salvator* von Georg Petel im Altarraum eine eigene Dynamik entwickelt.

Pawsons radikaler Minimalismus erzwingt die Aufmerksamkeit auf das Wesentliche. Der Architekt hat den vielfach veränderten und im Zweiten Weltkrieg fast gänzlich zerstörten Sakralbau durch die Reduzierung der Materialien auf Holz und Stein sowie die subtile Lichtregie zu einem leuchtenden Beispiel zeitgenössischer Kirchenarchitektur gemacht – und die Augsburger sind begeistert. Besucher loben die »himmlische weiße Stille«, die »schöne Klarheit des Kirchenraums«.

Die Ursprünge des Gotteshauses gehen auf das Jahr 1019 zurück, als Bischof Brun, ein Bruder Kaiser Heinrichs II., sie für das von ihm begründete Kollegiatstift erbauen und dem heiligen Mauritius sowie seinen Gefährten weihen ließ. Es folgten Zerstörungen, Auf- und Umbauten, auch die Fugger waren als Stiftsherren beteiligt und sorgten für eine umfassende Barockisierung. Nach dem Krieg standen nur mehr die Außenmauern und der Turm. Dominikus Böhm hielt sich beim eher puristischen Wiederaufbau an den dreischiffigen romanischen Kern, aber im Lauf der Jahre verlor das Gebäude durch Änderungen und Hinzufügungen seinen Charakter. 2007 hatte die Künstlerin Juliane Stiegele den Kirchenraum schließlich für eine Kunstinstallation teilweise entrümpelt – und dann kam John Pawson.

Einen Cappuccino trinken und dabei Gespräche über Gott und die Welt führen kann man im Café Moritzpunkt neben der Moritzkirche.

RÖMISCHES MUSEUM IM ZEUGHAUS /// ZEUGPLATZ 4 ///
86150 AUGSBURG /// 08 21 / 3 24 41 31 ///
WWW.ZEUGHAUS.AUGSBURG.DE ///

GESCHICHTE IN KISTEN

Römisches Museum im Augsburger Zeughaus

4

Augsburg ist eine der ältesten deutschen Städte – dank der Römer. Noch heute kommen bei Grabungen Funde aus ihrer Herrschaftszeit zutage. Die Schätze aus der Ära des Römischen Reiches – Meilensteine, Grabsteine, Stelen, oft tonnenschwer – hatten die Statik der Dominikanerkirche, wo das Römische Museum bis 2012 beheimatet war, ins Wanken gebracht. Die Kirche musste saniert werden, und die antiken Funde haben einstweil ein neues Zuhause gefunden – im Zeughaus mitten in der Stadt.

Römerlager – das römische Augsburg in Kisten heißt die ungewöhnliche Präsentation in der Toskanischen Säulenhalle, die mit einem unerwarteten Exponat überrascht: Im Zentrum des hellen Raums liegt eine Schiffslände, rekonstruiert mit 1.800 Jahre alten Balken, die am Lechufer gefunden wurden. Sie erinnert daran, dass Augsburg einst einen Flusshafen besaß und der Handelsweg auf dem Wasser ebenso bedeutend war wie der zu Land über die berühmte Via Claudia Augusta. Am Lechhafen legten Flachbodenschiffe an, die nicht nur Lebensmittel in die Stadt brachten, sondern auch Handelswaren und die Jurakalksteine. Sie fanden für den Bau von Statuen und Denkmälern Verwendung und sind heute im Museum in weißen Holzkisten zu bewundern, gerade so, als wären sie wieder zum Transport bereit.

In sieben Abteilungen können sich Besucher bei einem interaktiven Rundgang durch die Interimsausstellung über Militär, Handel und Zivilleben im römischen Augsburg informieren, einen Goldschatz und Edelsteingemmen bestaunen und sich angesichts von Koch- und Tafelgeschirr in den antiken Alltag hineinversetzen. Natürlich fehlt auch der berühmte bronzene Pferdekopf nicht, der wohl Teil der Reiterstatue einer Quadriga war. Die ganze Ausstellung ist eine clever inszenierte Präsentation, die Augsburg noch einige Jahre erhalten bleiben wird.

Noch mehr Römerfunde gibt es an der Römermauer vor dem Dom.

STADTMARKT AUGSBURG /// FUGGERSTRASSE 1 ///
86152 AUGSBURG /// WWW.STADTMARKTAUGSBURG.DE ///

DIE AUSLAGE DER STADT

Stadtmarkt in Augsburg

5

Was wäre Augsburg ohne seinen Stadtmarkt? Zumindest am Wochenende finden wir uns an der Fuggerstraße ein, um einzukaufen und Freunde zu treffen. Und jedes Mal ist es ein Erlebnis. Besonders schön natürlich im Frühling und Sommer, wenn all die Blumen einen betörenden Duft verströmen und die Obsthändler frische Beeren und Sommerfrüchte anbieten. Wenn man draußen sitzen und die Marktszenen beobachten kann. Dann kann ich kaum an der Blumenhändlerin vorbeigehen, die immer so wunderschöne Gestecke macht, ohne eines mit nach Hause zu nehmen. Auch im Herbst lohnt sich ein Gang über den Markt. Die Bauern bieten dann Schälnüsse und Pilze an, Kartoffeln und Äpfel.

Wir lieben die frische Butter »unserer Bäuerin«, ihre Gockel und Eier und zu Weihnachten die Gänse und Enten. Im Winter schlüpfen die Bauern in der Viktualienhalle unter, wo sich ohnehin viele Augsburger treffen – beim Türken zum Kaffee oder Frühschoppen, beim Thai zum Mittagessen oder auf einen Wein. Überhaupt das große Angebot an Speisen und Getränken – da fällt die Wahl schwer. Ein Backhendl beim Österreicher? Eine Fischsuppe beim Fischhändler? Beim Biometzger einen Braten mit Klößen? Oder in der Nudelmanufaktur eine Portion Spaghetti?

Ach ja, eigentlich ist dieser Stadtmarkt aus den 1920er-Jahren auf dem Gelände einer ehemaligen Tabakfabrik genau reglementiert. Es gibt eine Fisch- und eine Bäckergasse, eine Blumen-, Obst- und Gemüsegasse. Aber schon da beginnt das Durcheinander: In der Gemüsegasse haben sich auch kleine Läden angesiedelt, die originelle Handarbeiten und Geschenke anbieten. Und in der Fleischhalle sind nicht nur Metzger zu finden, sondern ebenso ein asiatischer Imbiss. Die Globalisierung macht selbst vor dem Stadtmarkt nicht halt. Und das ist gut so.

Am Mittwoch, Freitag und Samstag bieten die Bauern der Umgebung ihre Erzeugnisse an, frisch vom Acker oder aus dem Garten.

KIRCHE ST. ANNA /// IM ANNAHOF 2 /// 86150 AUGSBURG ///
08 21 / 4 50 17 51 00 /// WWW.ST-ANNA-AUGSBURG.DE ///

ANNA-CAFÉ /// IM ANNAHOF 4 /// 86150 AUGSBURG ///
08 21 / 4 55 07 80 /// WWW.DAS-ANNA.DE ///

WO LUTHER SCHLIEF

Kirche St. Anna in Augsburg

6

St. Anna steht heute im Herzen der Stadt direkt an der Fußgängerzone Annastraße. Für mich ist die evangelische Hauptkirche eine der schönsten Sakralbauten Augsburgs, auch weil ihre Geschichte eng verbunden ist mit der lokalen Stadt- und Religionshistorie. Die Kirche gehörte im 14. Jahrhundert zu einem Karmeliterkloster, über die Jahrhunderte wurde sie erweitert und mit wertvollen Gemälden ausgeschmückt, teilweise auch barockisiert. In der Goldschmiedekapelle aus dem 15. Jahrhundert wurden wertvolle Fresken entdeckt. Die Fugger ließen sich eine eigene Grabkapelle im Stil der Renaissance errichten.

Doch zu geschichtlicher Bedeutung kam die Kirche vor allem durch Martin Luther. Der Reformator übernachtete 1518 während des Reichstags vom 7. bis 20. Oktober im Karmelitenkloster, während er auf Weisung des Papstes vom römischen Kardinal Cajetan im Fuggerpalais verhört wurde. Weil Luther sich weigerte, seine 95 Thesen zu widerrufen und sich seines Lebens nicht mehr sicher war, floh er des Nachts aus dem Kloster und der Stadt. An diese Flucht und an Luthers Tage in Augsburg erinnert heute die »Lutherstiege« samt kleinem Museum in der Annakirche. Eingerichtet wurde es 1983 zum 500. Geburtstag des Reformators. Mit Videoanimation, Installationen und lebensgroßen Figuren wurde die Ausstellung inzwischen an den Zeitgeist angepasst.

Im Museum erfährt der Besucher zudem, wie sich die Religionsgeschichte am Lech nach dem Reichstag weiterentwickelte und dass St. Anna als eine der ersten Kirchen in der einstigen katholischen Hochburg Augsburg evangelisch wurde. In den Räumen des ehemaligen Klosters wurde das Gymnasium St. Anna gegründet, das Stadtbaumeister Elias Holl durch ein Schulhaus und eine Bibliothek ergänzte. Das Gymnasium ist längst umgezogen, der Annahof wurde neu gestaltet als großzügiger Platz mit dem Flair einer italienischen Piazza.

Das Anna-Café im Annahof erfreut mit einer kreativen Küche. Im Sommer kann man draußen das Piazza-Feeling genießen.

NEUE STADTBÜCHEREI AUGSBURG /// ERNST-REUTER-PLATZ 1 ///
86150 AUGSBURG /// 08 21 / 3 24 27 52 ///
WWW.STADTBUECHEREI.AUGSBURG.DE ///

LESEINSEL MIT LICHTBLICKEN

Neue Stadtbücherei in Augsburg

7

Ich weiß noch genau, wie der Platz ausgesehen hat, bevor dieses fröhlich bunte »Haus des Lesens« errichtet wurde, dessen Fassade Buchseiten nachempfunden ist. Öde und gesichtslos. Ein Schandfleck. Welch ein Unterschied zu heute! Jetzt leuchtet nicht nur die neue Stadtbücherei, die sich die Augsburger in einem zähen Ringen und mittels Bürgerbegehren erkämpft haben. Und der – zugegebenermaßen kleiner gewordene – Platz hat sich wieder mit Leben gefüllt.

Schon bei den ersten warmen Sonnenstrahlen des Jahres stellt das Café im Erdgeschoss der Bücherei Tische und Stühle nach draußen. Dort sitzen dann Studenten und Schüler, Hausfrauen und Anwälte, Lesende und Redende bei einer Latte oder einem Glas Bier, essen Kuchen oder Brezen und lassen es sich wohl sein. Drinnen kann man auf großzügigen 4.000 Quadratmetern ungestört Zeitung lesen, sich Bücher aussuchen oder am PC arbeiten. Von der klassischen Lektüre bis zum Videospiel gibt es alles, was das Herz begehrt, auch einen Spieletisch und ein separates WC samt Wickelraum für die Kleinen. Mütter bringen ihre Jüngsten mit, zudem finden sich Jugendliche in dieser Bürgerbücherei wieder, wo nicht nur Fantasy und Science-Fiction auf sie warten, sondern darüber hinaus eine Chill-out-Ecke und lässige Lesesäcke.

Alles ist offen gestaltet und durch die orange Farbgebung selbst an trüben Tagen voller Lichtblicke. Das liegt vor allem an dem einzigartigen Beleuchtungskonzept, das über Hunderte von Spiegeln selbst das geringste Tageslicht ins Innere lenkt und über Prismenstäbe Regenbogenfarben auf die weißen Flächen zaubert. Durch die Rundumverglasung und den orangefarbenen Bodenbelag, der sein Pendant in dem rötlichen Asphalt auf dem Platz findet, öffnet sich das Innere nach außen. Der Schandfleck wurde zum Farbfleck. Ein kleines Wunder!

Einfach mal eine Pause einlegen beim Stadtbummel, in Zeitungen blättern – die neue Stadtbücherei ist ein offenes Haus.

FUGGEREI /// HAUPTEINGANG NEBEN DER FUGGEREI-STUBE /// JAKOBERSTRASSE 26 /// 86152 AUGSBURG /// 08 21 / 3 19 88 10 /// WWW.FUGGER.DE ///

PUPPENSTUBENIDYLLE

Fuggerei in Augsburg

8

Wenn Freunde mich fragen, was sie in Augsburg anschauen sollen, fällt mir die Antwort angesichts der Vielfältigkeit in der Stadt schwer. Eines aber ist klar: auf jeden Fall die Fuggerei. Das muss sein, obwohl die Gebäude nicht mehr original sind. Die Bomben im Zweiten Weltkrieg haben den Großteil dieser ältesten Sozialsiedlung der Welt zerstört. Dass die ummauerte Puppenstubenidylle in Honiggelb mit spitzen Giebeln, einem Kirchlein und gepflasterten Gassen heute noch so funktioniert wie vor fast 500 Jahren, ist das Verdienst der heutigen Fugger. Sie leiteten nach der verheerenden Zerstörung im Zweiten Weltkrieg alsbald den Wiederaufbau der zerstörten Anlage ein – ganz im Sinn des einst spendablen Ahnen.

1521 hatte Jakob Fugger die Siedlung für Augsburger Bürger gegründet, die in Not abzugleiten drohten. Der reiche Fugger war ein Mann der Renaissance, allerdings war er noch vom späten Mittelalter geprägt. Und Mildtätigkeit galt den Mächtigen jener Zeit als Verpflichtung. Eine Verpflichtung, der sich die Familie Fugger noch heute unterwirft. Die 67 Häuser der Anlage sind zum großen Teil auf dem modernsten Stand. Den 150 Bewohnern soll es an nichts fehlen. Nach wie vor zahlen sie gerade mal 88 Cent Jahresmiete, den Gegenwert eines rheinischen Guldens. Allerdings kommen heute monatlich 65 Euro Nebenkosten dazu.

Trotzdem: Für die Bewohner ist diese Stadt in der Stadt, die auf die Besucher wirkt, als sei sie aus der Zeit gefallen, ein kleines Paradies. Und sie haben sich es schön gemacht. Blumen stehen in den Fenstern, die Vorhänge sind blütenweiß, die Türen frisch gestrichen, und die Menschen lächeln freundlich. Nur, wenn der Besucherandrang gar zu groß ist, dann verschanzen sie sich in ihren Häuschen und spähen fast verstohlen hinaus auf die kleinen Gassen, wo die Touristen um die Wette fotografieren.

Die Besucher können im Museum die Geschichte der Fuggerei nachvollziehen und sich im Bunker über das Ausmaß der Zerstörung im Zweiten Weltkrieg informieren.

DAS LECHVIERTEL IST TEIL DER AUGSBURGER ALTSTADT UND BEFINDET SICH UNTERHALB DER MAXIMILIAN- UND DER KAROLINENSTRASSE.

BRECHTHAUS /// AUF DEM RAIN 7 /// 86152 AUGSBURG /// 08 21 / 32 40 ///

KLEIN-VENEDIG IN DER FUGGERSTADT

Lechviertel in Augsburg

9

Im Lechviertel wirkt Augsburg fast wie Klein-Venedig – mit vielen Kanälen, die diesen Stadtteil durchziehen, und unzähligen kleinen Brücken. Bemerkenswert sind die Namen dieser sich immer wieder verzweigenden Wasserwege wie der Findelhauskanal, der Hanreibach, der Siebenbrunnenbach oder der Schäfflerbach. Dann wären da noch der Sparrenlech, der Vordere Lech, der Hintere und der Mittlere Lech, das Ölbächlein und der Sägmühlbach sowie einige mehr. Sie alle waren wichtig für die industrielle Entwicklung Augsburgs und sorgen heute dafür, dass das Lechviertel, einst Zentrum des Handwerks und Arme-Leute-Gegend, einer der attraktivsten und lebenswertesten Stadtbezirke ist.

Aufgedeckt wurden die Kanäle erst in den 1980er-Jahren bei der umfassenden Sanierung des alten Quartiers. Seither hat sich viel getan: Viele Häuser wurden saniert, die Fassaden herausgeputzt. Neben den noch verbliebenen Handwerksbetrieben wie der Alten Silberschmiede, die daran erinnert, dass Augsburger Silber- und Goldschmiede einmal zu den besten ihrer Zunft gehörten, oder der Gerberei Aigner, die auf eine über 150-jährige Tradition zurückblickt, haben sich kleine Läden, Wirtshäuser und Kneipen angesiedelt. In den mittelalterlichen Gassen bekommt man noch Dinge, die es in den großen Filialen der Augsburger Innenstadt nicht mehr gibt: Handgefertigtes, Individuelles, Altes oder Exotisches, Edles und Kurioses.

Auch wer Lust auf Kunst hat, wird in diesem Teil der Stadt fündig. Im rekonstruierten Holbeinhaus – in dem im Krieg zerstörten Gebäude lebte und arbeitete einst der Maler Hans Holbein der Ältere, der Jüngere wurde hier geboren – sind die Ausstellungsräume des Augsburger Kunstvereins untergebracht. Auf dem kleinen Platz gegenüber lädt ein Brünnlein zum Verweilen ein.

Das Geburtshaus von Augsburgs berühmtestem Sohn Bertolt Brecht auf dem Rain 7 ist heute ein Museum.

SCHAEZLERPALAIS /// MAXIMILIANSTRASSE 46 /// 86150 AUGSBURG ///
08 21 / 3 24 41 02 /// WWW.SCHAEZLERPALAIS-AUGSBURG.DE ///

BILDERREIGEN IM ROKOKO

Schaezlerpalais in Augsburg

10

Die Anekdote, dass die 14-jährige Marie Antoinette in dem wunderschönen Rokokosaal ihre Schuhe durchgetanzt haben soll, gefällt mir besonders gut. Musste die Tochter Maria Theresias doch später als Gattin Ludwigs XVI. von Frankreich ihr Leben unter der Guillotine beenden. Von diesem Schicksal ahnte das junge Mädchen glücklicherweise nichts, als es auf dem Weg nach Versailles in Augsburg Station machte und am 28. April 1770 im Schaezlerpalais Ehrengast bei der glanzvollen Eröffnung des Festsaals war.

Das architektonische Prachtstück gönnte sich der Bankier Benedikt Adam Freiherr von Liebert, Edler von Liebenhofen. Er hatte anstelle des geschichtsträchtigen Patrizierhauses aus dem Spätmittelalter, in dem Kaiser Maximilian I. abstieg und Philippine Welser geboren wurde, ein Rokoko-Palais errichten lassen. Das Herz des Baus war der zweistöckige Festsaal, dessen Deckengemälde dem alles verbindenden Welthandel huldigt – und damit die aktuelle Globalisierung glatt vorwegnimmt.

Bis 1958, als Wolfgang Freiherr von Schaezler es der Stadt schenkte – mit der Auflage, es ausschließlich für kulturelle Zwecke zu nutzen –, befand sich das Gebäude im Familienbesitz. Heute beherbergt das aufwendig restaurierte Palais die Deutsche Barockgalerie, die Grafische Sammlung und die Gemäldesammlung des wegen seiner Nazi-Verstrickungen umstrittenen Kunsthändlers Karl Haberstock mit Bildern von Tiepolo, Veronese und van Dyck.

Vom Schaezlerpalais kommt man in die Katharinenkirche, wo seit 1835 die älteste Filialgalerie der Bayerischen Staatsgemäldesammlungen untergebracht ist – mit Werken der Augsburger und der schwäbischen Schule aus der Zeit des Spätmittelalters und der Frührenaissance. Hier kann man auch Dürers Porträt von Jakob Fugger dem Reichen bewundern und Bilder von Hans Holbein dem Älteren.

Der heute wieder im Rokokostil gestaltete Garten des Palais bildet mit dem Gebäude eine Einheit und ist für jedermann zugänglich.

SYNAGOGE UND JÜDISCHES KULTURMUSEUM AUGSBURG ///
HALDERSTRASSE 6–8 /// 86150 AUGSBURG ///
08 21 / 51 36 58 /// WWW.JKMAS.DE ///

HORT DER ERINNERUNG

Synagoge und Jüdisches Kulturmuseum in Augsburg 11

Wer nicht genau hinschaut, übersieht eines der wichtigsten Gebäude in der Augsburger Innenstadt: die Synagoge. Denn zunächst fällt der Blick nur auf eine abweisende Mauer. Wer das wunderbare Gebäude dahinter betrachten will, muss bei der israelischen Kultusgemeinde klingeln. Sie verwaltet den Kuppelbau aus den Anfängen des letzten Jahrhunderts und das Jüdische Kulturmuseum, das 1984 als erstes selbstständiges Museum seiner Art nach dem Krieg gegründet wurde.

Es war eine selbstbewusste jüdische Gemeinde, die sich 1917 die imposante Synagoge mit ihrem reichen ikonografischen Innenleben leistete. Die 1.200 Mitglieder verstanden sich als Teil der Augsburger Gesellschaft, hatten viele von ihnen doch maßgeblich zur Blüte der Stadt beigetragen. Dieser Tempel im byzantinischen Stil mit Jugendstilelementen war Ausdruck ihres damaligen bürgerlichen Selbstverständnisses. Erstaunlich, dass die Synagoge die Pogromnacht von 1938 äußerlich fast unversehrt überstand. Die Schäden im Inneren wurden zwischen 1974 und 1985 beseitigt, die fast orientalische Pracht wiederhergestellt.

Wer mehr über das Schicksal der Augsburger Juden im Dritten Reich erfahren will, kann sich im angegliederten Jüdischen Kulturmuseum informieren. In der Ausstellung wird ihre Kultur und Leidensgeschichte ebenso dokumentiert wie die Geschichte der Synagoge und die Wiederbelebung der jüdischen Gemeinde. Durch Zuwachs aus den Oststaaten ist sie nach dem Krieg wieder auf 1.800 Mitglieder angewachsen. Auch Mietek Pemper, der Oskar Schindler (berühmt geworden durch den Spielberg-Film *Schindlers Liste*) dabei half, Juden zu retten, und 2011 im Alter von 91 Jahren in Augsburg starb, gehörte ihr an. Im Lesecafé erinnert der berühmte Coca-Cola-Schriftzug an den Designer Walter Landor. Der Sohn von Fritz Landauer, dem Architekten der Augsburger Synagoge, hat dieses unverwechselbare Schriftbild gestaltet.

In der Literaturhandlung gibt es nicht nur Bücher zur jüdischen Geschichte, Postkarten und jüdische Kultgegenstände, sondern auch eine kleine Auswahl an koscherem Wein.

DOM MARIÄ HEIMSUCHUNG /// FRAUENTORSTRASSE 2 ///
86152 AUGSBURG /// 08 21 / 31 66 85 11 ///
WWW.BISTUM-AUGSBURG.DE ///

HOFGARTEN UND FRONHOF /// FRONHOF /// 86152 AUGSBURG ///

PROPHETENFENSTER UND BLUMENRABATTEN

Dom Mariä Heimsuchung in Augsburg

12

Weithin sichtbar sind die beiden Glockentürme des Augsburger Doms, 62 Meter hoch und seit dem Mittelalter ein Wahrzeichen der Stadt. Man muss nicht besonders fromm sein oder gar katholisch, um vom Anblick des mächtigen Gotteshauses beeindruckt zu sein. Mögen auch Architekturpuristen ob des Stilsammelsuriums die Nase rümpfen, ich liebe den romanisch-gotischen Mariendom mit der unterirdischen Krypta.

Es ist nicht verwunderlich, dass sich Romanik, Gotik, Barock, Neogotik und Klassizismus in diesem Bau vermischen. Wurde doch die Basilika, deren Ursprünge auf das 9. Jahrhundert zurückgehen, ja womöglich sogar bis ins 4. Jahrhundert zurückreichen, immer wieder erweitert, verwüstet und – im Stil der jeweiligen Zeit – neu aufgebaut. Protestantische Bilderstürmer richteten im 16. Jahrhundert mehr Schaden an als der Zweite Weltkrieg, den der Hohe Dom fast unbeschadet überstand. Erhalten blieben die unschätzbaren Prophetenfenster, die als älteste Beispiele dieser Kunst in Europa gelten, das riesige Christopherus-Fresko am Eingang sowie die wunderschönen Tafelbilder, die Hans Holbein der Ältere 1493 gemalt hat. Den gotischen Skulpturen an den beiden Eingangsportalen haben Wind und Wetter, vor allem aber der Straßenverkehr arg zugesetzt. Sie mussten restauriert und teilweise erneuert werden. Auch die römischen Ausgrabungen auf dem Domplatz leiden unter der Luftverschmutzung.

Auf dem Fronhof zwischen dem Dom und der ehemaligen Fürstbischöflichen Residenz, wo heute die Regierung von Schwaben residiert, ist von der Umweltbelastung kaum etwas zu spüren. Im Schatten der hohen Bäume und mit Blick auf blühende Blumenrabatten mit den Domtürmen im Hintergrund kann man an diesem Ort wunderbar ein paar Stunden verträumen. Als meine Kinder noch klein waren, war ich mit ihnen oft auf dem kleinen Spielplatz am Friedensdenkmal.

Der nahe barocke Hofgarten mit seinem Goldfischteich ist im Sommer der Lieblingsplatz aller Generationen.

ALTES STADTBAD /// LEONHARDSBERG 15 /// 86150 AUGSBURG ///
08 21 / 31 27 67 /// WWW.WELLNESS-CAFE.INFO ///

ABTAUCHEN IM JUGENDSTIL

Altes Stadtbad in Augsburg

13

Als wir früher mit der Klasse zum Schwimmen gingen, war das Alte Stadtbad unser Ziel. Damals lärmten wir herum und versteckten uns in den spartanischen Ankleidekabinen. Die Schönheit der Anlage blieb uns verborgen. Zwischenzeitlich ist das Stadtbad von einem neuen Hallenbad als Schulschwimmbad abgelöst worden. Und irgendwann war das ehemalige Volksbad im schönsten Jugendstil so marode, dass es einzustürzen drohte.

Zur 2.000-Jahr-Feier der Stadt 1985 sprudelte Geld aus der bayerischen Hauptstadt zur Sanierung des baulichen Juwels – es war nach dem Müller'schen Volksbad in München immerhin das zweitälteste Hallenbad des Freistaats. 1992 eröffnete die Anlage nach langer Schließung in neuem altem Glanz. Doch das ist noch nicht das Ende der Geschichte. Denn bei dem Gebäude, das von Anfang an mit seinen Schwimmbädern, dem Dampfbad und den Saunen gegen Feuchtigkeit im Mauerwerk zu kämpfen hatte, besteht immer wieder Sanierungsbedarf. Dem Augsburger Stadtrat wurden die Ausgaben irgendwann zu viel und er beschloss, den Bau an einen privaten Investor abzustoßen. Doch er hatte nicht mit den Augsburgern gerechnet, die ihr Volksbad nicht so einfach verschleudert sehen wollten. Die Freunde des Alten Stadtbads machten mobil: Ein Bürgerbegehren verhinderte den Ausverkauf.

In solchen Scharen wie zur Gründerzeit kommen die Badenden heute jedoch nicht mehr. Mit Wohlfühltagen versucht man deshalb, dem Zeitgeist auf die Sprünge zu helfen. Ein Wellness-Café lädt zur Entspannung bei Kaffee und Kuchen ein. Es gibt Massagen, Ayurveda, Sektfrühstück mit Saunabesuch und mehr. Nur ein Hundebad wie ganz früher, das gibt es nicht mehr. Ich brauche weder Sekt noch Streicheleinheiten. Aber ich bin richtig glücklich darüber, dass das schöne irisch-römische Dampfbad nach langer Restaurierung endlich wieder geöffnet ist.

Im Sommer können Saunagäste auf der Dachterrasse ungestört entspannen und Sonne tanken.

GRANDHOTEL COSMOPOLIS /// SPRINGERGÄSSCHEN 5 ///
86152 AUGSBURG /// 08 21 / 45 08 24 11 ///
WWW.GRANDHOTEL-COSMOPOLIS.ORG ///

KINO LILIOM /// UNTERER GRABEN 1 ///
86152 AUGSBURG /// 08 21 / 51 40 84 /// WWW.LILIOM.DE ///

KREATIVES MITEINANDER

Grandhotel Cosmopolis in Augsburg

14

Das Grandhotel Cosmopolis schaffe das, was Reisen im besten Fall bedeutet: das Fremde zu entdecken, Nähe herzustellen. Eine Gruppe von Künstlern habe in Augsburg dieses kleine Wunder vollbracht. Bei der Verleihung der *Grünen Palme* der Zeitschrift *GEO Saison* 2016 war der Laudator voll des Lobes für das vielfach ausgezeichnete Projekt in Augsburg, das international Furore gemacht hat.

In einem leer stehenden Altenheim haben engagierte Kosmopoliten Asylsuchende, Hotelgäste und Kreativschaffende unter einem Dach vereint. Auf drei der insgesamt sechs Etagen betreibt die Regierung von Schwaben seit 2013 eine Gemeinschaftsunterkunft für Flüchtlinge, auf den anderen drei übernachten Hotelgäste. Sie finanzieren das originelle Künstlerprojekt mit, wobei die Zimmerpreise »auf der Basis eines Minimumwerts« von den Gästen selbst gewählt werden können.

»Soziale Plastik« nennen die Hoteliers ihr Haus – nach der Definition von Joseph Beuys, wonach schon kreatives Miteinander Kunst ist. Und Kunst nimmt im Haus viel Raum ein, nicht nur in den Ateliers und Werkstätten, in der Lounge und in der Café-Bar, auch die zwölf Hotel- und vier Hostel-Zimmer wurden individuell gestaltet. Knallbunte Graffiti an der sonst grauen Fassade weisen darauf hin, dass an diesem Ort alles anders ist als gewöhnlich.

Wer hier übernachtet, versteht schnell, was kreatives Miteinander bedeutet: In den Yoga- und Tanzkursen treffen sich Asylsuchende, Kunstschaffende und Hotelgäste, in den Konzerten sitzen Augsburger neben Touristen und Künstlern aus aller Welt. Bei den Festen verkaufen Kinder aus Syrien und Afghanistan scharfe Soßen, spielen schwarze Musiker und decken schwäbische Senioren die Tische.

☞ Gleich um die Ecke vom Grandhotel ist das Kino Liliom ein Treffpunkt für Cineasten.

FUGGER- UND WELSER-ERLEBNISMUSEUM /// IM WIESELHAUS ///
ÄUSSERES PFAFFENGÄSSCHEN 23 /// 86152 AUGSBURG ///
08 21 / 45 09 78 21 /// WWW.FUGGER-UND-WELSER-MUSEUM.DE ///

DIE GLOBAL PLAYER DER FRÜHZEIT

Fugger- und Welser-Erlebnismuseum in Augsburg

15

Schon im Eingangsbereich fühle ich mich an Harry Potter erinnert. Denn im ausgelegten »Lebendigen Buch« schreiben sich Texte selbst, wie von Geisterhand entstehen Bilder vor meinen Augen, bewegen sich die Karten aus dem Zeitalter der Fugger und Welser. Zwischen 1490 und 1560 bestimmten die beiden Augsburger Handelsfamilien nicht nur den globalen Handel, sondern auch die Weltpolitik. Davon erzählt das Fugger- und Welser-Erlebnismuseum im denkmalgeschützten Wieselhaus.

Um die interaktiven Wunder möglich zu machen, wurden mehrere Kilometer Kabel im gesamten Gebäude verlegt. Sie sorgen dafür, dass man an Hörstationen der Geschichte lauschen kann, in der Schreibstube Jakob Fugger und Bartholomäus Welser persönlich begegnet und in der Bildergalerie sprechende und handelnde Porträts erlebt. Die Fantasie der Besucher wird auch durch ein täuschend echtes Schiffsdeck und eine Bergwerkinszenierung im Keller des Renaissancebaus beflügelt.

Das Museum erzählt aus einer Zeit, die geprägt war von der Renaissance und der Reformation. Es war eine Zeit des Aufbruchs, der Weltentdeckung und -eroberung. Welchen Anteil die Augsburger Kaufmannsfamilien daran hatten, erfahren die Besucher in der Ausstellung ebenso wie die Tatsache, dass die Welser für kurze Zeit eine Provinz in Venezuela ihr Eigen nannten und die Fugger Schiffe nach Goa finanzierten. Die Fugger und Welser entwickelten weltweite Unternehmensstrukturen – nicht anders als heutige Global Player. Sie finanzierten Päpste und Kaiser und machten Augsburg zum Zentrum ihrer Konzerne. Doch der Blick des Museums richtet sich nicht nur auf Macht und Erfolg, sondern ebenfalls auf deren Kehrseite. Denn der Reichtum der Handelsfamilien wurde auch mit Kinderarbeit erkauft und in der Neuen Welt mit der Versklavung der indigenen Bevölkerung.

Im Museum finden Workshops und Streitgespräche statt, etwa zum Thema Luther und der Kapitalismus.

AUGSBURGER KAHNFAHRT /// RIEDLERSTRASSE 11 ///
86152 AUGSBURG /// 08 21 / 3 55 16 ///
WWW.AUGSBURGER-KAHNFAHRT.DE ///

WO DER JUNGE BRECHT SCHMUSTE

Restaurant »Zur Kahnfahrt« in Augsburg

16

Eines der schönsten Plätzchen in Augsburg ist für mich das Restaurant *Zur Kahnfahrt* am Oblatterwall. Hier, wo schon der junge Bertholt Brecht mit seinen Mädchen geschmust hat, wo er sich mit seiner Freundesclique traf, sich ein paar Zusatzgroschen als »Bootschubser« verdiente und manchmal selbst einen Kahn über das spiegelglatte Wasser ruderte, stimmt das Klischee von der Zeit, die stehen geblieben zu sein scheint. Kaum etwas erweckt den Eindruck, sich in den Jahren verändert zu haben. Malerisch wie immer liegen die Boote im Wasser vor dem Restaurant mit dem kleinen Biergarten – nur befinden sich heute darunter ein paar Elektroboote für Faulpelze.

Vor allem an lauen Frühlingsabenden treffen sich heute wie damals Liebespaare unter den blühenden Kastanien, und auf dem Wasser wird so mancher erste Kuss ausgetauscht. Nicht jeder bringt es allerdings zu literarischen Ehren wie der, den Bert Brecht einer Jugendfreundin gab und der ihn zu dem melancholischen Gedicht *Erinnerung an die Marie A.* (1920) inspirierte. Nur an die Wolke – »Sie war sehr weiß und ungeheuer oben« – erinnert sich der Dichter später noch lebhaft, während er das Gesicht des Mädchens längst vergessen hat.

So war er, der junge Augsburger Hallodri, der Bürgerschreck und Frauenheld, der es später zu Weltruhm und einem jährlichen Festival in seiner Heimatstadt bringen sollte. Seine Augsburger Ursprünge hat Bert Brecht nie vergessen. Und die Kahnfahrt sicher auch nicht. Jetzt im Herbst treiben bunte Blätter auf dem Wasser, die Boote liegen still wie für ein Gemälde. Im Biergarten sitzen noch ein paar Gäste in der Herbstsonne. Ich mache es wie der junge Brecht, setze mich aufs Eisengeländer, denke an das Gedicht und schaue den Blättern beim Fallen zu.

»Wild & regional«, lautet das Motto im Restaurant *Zur Kahnfahrt*, wo unter anderem Wildschwein-Burger auf den Tisch kommen.

FÜNFGRATTURM /// UNTERE JAKOBERMAUER 30 /// 86152 AUGSBURG ///

WEITERE INFORMATIONEN ERHALTEN SIE VON DER TOURISTINFORMATION AUGSBURG /// AM RATHAUSPLATZ 1 /// 86150 AUGSBURG /// 08 21 / 50 20 70 /// WWW.AUGSBURG-TOURISMUS.DE ///

DER TREPPENWITZ

Fünfgratturm in Augsburg

17

Dass dieser malerische Turm einmal Teil der Augsburger Stadtbefestigung war, hat mich als Kind nie interessiert. Es war der Name, den ich so spannend fand und um den ich mir die tollsten Geschichten ausmalte. Auch wenn die Erklärung ganz und gar nicht märchenhaft ist – der Name stammt von den fünf Dachspitzen oder Graten –, behielt dieser einsam stehende Turm am Stadtgraben für mich doch immer einen seltsamen Zauber.

Rapunzel hätte ich mir in einer der verwunschenen Dachspitzen vorstellen können, eingeschlossen in uralte Mauern aus dem 15. Jahrhundert und von unten unerreichbar. Vorbei. Seit einigen Jahren ist der »Fünffingerlesturm« – wie der Fünfgratturm bei uns Augsburgern heißt – geerdet. Das heißt, er hat eine Treppe bekommen – aus Stahl und so hoch wie einst wohl die Stadtmauer war. Mit dieser Konstruktion wollte die Bürgerinitiative *Altaugsburggesellschaft* den Bau aus einem langen Dornröschenschlaf wecken, ihn begehbar und womöglich zu einem Museum machen. Allerdings stieß das Projekt bei den traditionsbewussten Augsburgern sogleich auf größtes Missfallen und ist deshalb bis heute unvollendet geblieben.

Die überregionale Presse hat sich über den »Augsburger Treppenwitz« auf Kosten der Stadt ordentlich amüsiert. Mittlerweile gab es einen Baustopp und Gerichtsverfahren, neue Pläne und Ortstermine, aber am Zustand des Turmes änderte sich nichts. Noch immer lehnt der Stufentorso wie ein Fremdkörper an dem alten Gemäuer, mit dem ihn nichts verbindet, nicht einmal ein Übergang. Und der »Fünffingerlesturm« träumt weiter in seinem Dornröschenschlaf und wartet auf einen Polit-Prinzen, der die Provinzposse beendet – und der ihm wieder Respekt verschafft (und vielleicht zudem eine neue Zukunft).

Vom »Fünffingerlesturm« ist es nur ein Katzensprung zum Restaurant *Zur Kahnfahrt*. Der idyllische Spaziergang führt immer entlang des Stadtgrabens.

DER ZWEI-STERNE-KOCH CHRISTIAN GRÜNWALD LÄDT IN SEIN RESTAURANT AUGUST /// JOHANNES-HAAG-STRASSE 14 /// 86153 AUGSBURG /// 08 21 / 3 52 79 /// WWW.RESTAURANT.MICHELIN.DE ///

ZWEI STERNE FÜR DEN KÜCHENZAUBERER

Restaurant August in Augsburg

18

Er hat sich einen Traum erfüllt. Augsburgs einziger Zwei-Sterne-Koch hat in der repräsentativen Haag Villa eine neue Heimat gefunden. Das prachtvolle Gebäude hatte sich der Heizungspionier Johannes Haag 1875 ins Augsburger Textilviertel stellen lassen. Später wurde es Eigentum der Stadt. Christian Grünwald kam, sah und verliebte sich in das Haus. Nach Stationen in der Schweiz, Karibik, in Amerika und Luxemburg hatte er 1989 in Augsburg sein erstes eigenes Restaurant August in der Frauentorstraße eröffnet. Und mit der ihm eigenen Kreativität und Eigenwilligkeit versucht er nun den Spagat zwischen Gründerzeit-Ambiente und Hightech.

Im Salon mit den beiden großformatigen Tableaus des angesagten Augsburger Künstlers Philipp Fürhofer sitzen die Gäste an patentierten Leuchttischen. Hier wird das Menü in Szene gesetzt. Auf eigens konzipierten Glas- und Keramikschalen präsentieren sich die vielfältigsten Vorspeisen. Die einzelnen Menügänge werden unter Glas durch kunstvolle Stillleben angekündigt: eine Gräte, ein Teller mit Rüben- und Kartoffelschalen, fein arrangiert. Ein Konzept so einfach wie einmalig.

Christian Grünwald, der sich mehr als Künstler denn als Koch sieht, macht die Villa zur Bühne. Ihm geht es um die Verwandlung von Lebensmitteln in kunstvolle Genussobjekte. Und das gelingt dem 1964 im schwäbischen Wangen geborenen Gastronom immer wieder überraschend anders. Dass er sich im Bereich Bildender Künste umgesehen hat, sieht der Gast nicht nur am schönen Ambiente, sondern darüber hinaus an den kapriziösen Details der perfekt durchkomponierten Menüs. Ebenso perfekt ist die vierstündige Servicechoreografie. Auch die hat Küchenzauberer Grünwald bis ins Detail ausgetüftelt. So wird ein Besuch im August zu einem Erlebnis für alle Sinne.

Vor dem abendlichen Genuss empfiehlt sich ein Bummel durch das alte Textilviertel.

**KÄLBERHALLE /// BERLINER ALLEE 36 /// 86153 AUGSBURG ///
08 21 / 65 07 07 70 /// WWW.KAELBERHALLE.DE ///**

**N8STALLUNG /// JOHANNES-HAAG-STRASSE 38 ///
86153 AUGSBURG /// 08 21 / 65 07 15 80 /// WWW.N8STALLUNG.DE ///**

NEUE HEIMAT FÜR DEN HASEN

Kälberhalle in Augsburg

19

Schlachthof, das klingt erst mal abschreckend. Wer will schon dabei sein, wenn Tiere abgeschlachtet werden? Wobei die Kälberhalle wohl eher ein Wartesaal auf den Tod war. Doch davon ist heute nur mehr der Name übrig. Der riesige Raum mit den hohen Glasfenstern wirkt fast wie eine Kathedrale. Die schöne industrielle Bausubstanz wurde erhalten und mit neuem Leben erfüllt. Die *Dierig Holding AG*, die das Gelände 2006 erworben hat, ließ sich die Renovierung des über 100 Jahre alten Klinkerbaus Millionen kosten. Es hat sich gelohnt. Die Kälberhalle ist heute das Aushängeschild des ganzen Schlachthof-Quartiers, das sich immer mehr zum trendigen Ausgehviertel der Augsburger entwickelt.

Wer sich in der neuen Brauerei der *Augsburger Hasen-Bräu* mit ihren auf Hochglanz polierten Kesseln umschaut, im Restaurant Brotzeit macht oder draußen im Biergarten sein frisch Gezapftes trinkt, kann kaum glauben, dass dies einmal Teil des Schlacht- und Viehhofs der Stadt war. Und schon gar nicht, dass noch 1880 Flöße und Kähne das Quartier ansteuerten. Damals hatte Augsburg noch einen Stadthafen, und der war genau an diesem Ort, an der heutigen Berliner Allee.

Ein Besuch in der Kälberhalle ist also auch eine Reise in die Augsburger Historie – und in die Braugeschichte ebenfalls. Denn die *Hasen-Bräu*, die mittlerweile zur *Oetker-Gruppe* gehört, hat eine lange Tradition. Schon 1464 hat der »Bierpreu« Ulrich Alpershofer in seiner Schänke *Zu den drey Glass* Gerstensaft »in grossen Bottichen« am offenen Feuer gesotten. Das waren die Ursprünge der Augsburger Brauerei. Dass das *Brauhaus zum Hasen* in der Kälberhalle an diese Geschichte anknüpft, darauf weist schon der große Hase vor dem Gebäude hin, der einstmals Aushängeschild des Brauereigeländes in der Innenstadt war.

Eher mediterran ist die Küche im hippen Restaurant *N8Stallung* gleich neben der Kälberhalle.

GLASPALAST AUGSBURG /// BEIM GLASPALAST 1 /// 86153 AUGSBURG ///
08 21 / 65 05 10 21 /// WWW.GLASPALAST-AUGSBURG.DE ///

MAGNOLIA – RESTAURANT IM GLASPALAST ///
BEIM GLASPALAST 1 /// 86153 AUGSBURG ///
08 21 / 3 19 99 99 /// WWW.MAGNOLIA-RESTAURANT.DE ///

KUNST STATT MASCHINEN

Glaspalast in Augsburg

20

Als die *Mechanische Baumwollspinnerei und Weberei Augsburg* (SWA) 1910 ihr Werk *IV Aumühle*, einen imposanten Stahlskelettbau mit fünf hohen Geschossen, in Betrieb nahm und 1.200 Arbeiter mit der Produktion begannen, war Globalisierung noch ein Fremdwort. Niemand kam auf die Idee, dass Augsburgs traditionsreiche Textilindustrie nur 60 Jahre später am Boden liegen könnte. Doch dann schloss ein Textilunternehmen nach dem anderen die Tore, und zur Jahrtausendwende gehörte der gesamte Industriezweig in der schwäbischen Metropole der Geschichte an.

Das wegen seiner großflächigen Fensterfassaden »Glaspalast« genannte Spinnereigebäude mit dem auffallenden Turmaufbau schien seine beste Zeit hinter sich zu haben, nachdem die SWA der Textilkrise zum Opfer gefallen war. Mehr als zehn Jahre lang suchte die Stadt nach einer Verwendung für dieses einstmals so fortschrittliche und repräsentative Industriedenkmal, bevor sie den Glaspalast an den Bauunternehmer Ignaz Walter verkaufte. Dieser sanierte das Bauwerk mit erheblichem Aufwand und eröffnete 2002 seine große Privatsammlung Moderner Kunst im *Museum Walter*. Auch die Galerie *Noah* zog ein, eine der namhaften deutschen Kunstgalerien mit Schwerpunkt Moderne Kunst. Seit 2006 sind im Erdgeschoss zudem das städtische *H2 – Zentrum für Gegenwartskunst* und die *Staatsgalerie Moderne Kunst*, eine Zweigstelle der Münchner *Pinakothek der Moderne*, untergebracht.

In den lichtdurchfluteten ehemaligen Spinnereisälen finden selbst großflächige Installationen Platz und können ihren Reiz entfalten. So ist dieser Palast aus Glas, einstmals Zentrum der Textilindustrie, zu einem Zentrum für urbane Kunst und Kultur geworden. Es gibt schlechtere Karrieren, finde ich.

Kunstgenuss kann hungrig machen. Das Restaurant Magnolia im Glaspalast wirbt mit ambitionierter Küche in trendigem Ambiente.

TEXTIL- UND INDUSTRIEMUSEUM TIM /// PROVINOSTRASSE 46 ///
86153 AUGSBURG /// 08 21 / 8 10 01 50 /// WWW.TIMBAYERN.DE ///

RESTAURANT NUNÓ /// PROVINOSTRASSE 46 /// 86153 AUGSBURG ///
08 21 / 5 08 10 44 /// WWW.NUNO-AUGSBURG.DE ///

DREI GRAZIEN UND VIEL GESCHICHTE

Staatliches Textil- und Industriemuseum »tim« in Augsburg 21

Das hatte Augsburg lange gefehlt, ein Museum, das die Glanzzeiten der Stadt als Textilmetropole zeigt – und deren Schattenseiten. Mehr als zwei Jahrzehnte wurde geplant, wurden Ideen gesammelt. 2010 konnte dann das *Staatliche Textil- und Industriemuseum* (tim) im ehemaligen Textilviertel öffnen. Der Grazer Architekt Klaus Kada hat ein Gebäude der einstigen *Augsburger Kammgarn Spinnerei* so genial umgebaut, dass die bayerische Textilgeschichte großzügig in Szene gesetzt werden kann.

Ich staune immer wieder über die »Fundsachen«, die in der Ausstellung zu sehen sind: die bedruckten Stoffe auf den großen Rollen, die bunten Garne, die riesigen Spinn- und Webmaschinen, die einen Höllenlärm machen, wenn sie zu Demonstrationszwecken laufen. Die armen Arbeiterinnen, die sie früher bedienten, müssen schwerhörig geworden sein. Auch solche Erkenntnisse gewinnt der Museumsbesucher. Das *tim* erklärt Zusammenhänge, schlägt eine Brücke zwischen Tradition und Trends. Den langen Gang, der den Maschinensaal vom Ausstellungsraum trennt, dominieren die *Drei Grazien*, überwältigend große Frauengestalten. Eine trägt ein bunt gemustertes Patchwork-Kleid. Die anderen beiden sind in strahlend weiße Stoffe gehüllt, auf die per Beamer Druckmuster aus der einzigartigen Mustersammlung der *Neuen Augsburger Kattunfabrik* (NAK) projiziert werden. Mittels Touchscreen können sich die Besucher dabei als Designer betätigen. Die Gäste können zudem Wolle kämmen und einen Faden spinnen. Das *tim* ist eben ein Mit-Mach-Museum.

Wer möchte, kann aber auch einfach durch die Mode von gestern bummeln, den punkigen Hosenanzug der Fürstin Gloria bewundern, den noblen Cut, das brave Kinderkleid oder den Strick-Bikini. Ach ja: Der silberglänzende Kaftan ist kein Kostüm aus dem Film *Star Wars*, sondern ein hitzebeständiger Anzug für Stahlarbeiter. Man lernt nie aus!

Das Restaurant Nunó im *tim* bietet zu bestimmten Terminen das Programm *Museum am Abend* – Führungen durch die Ausstellung, begleitet von einem Menü.

WASSERTÜRME AM ROTEN TOR ///
BEIM RABENBAD 6 /// 86150 AUGSBURG ///

WEITERE INFORMATIONEN ERHALTEN SIE VON DER
TOURISTINFORMATION AUGSBURG /// AM RATHAUSPLATZ 1 ///
86150 AUGSBURG /// 08 21 / 50 20 70 ///
WWW.AUGSBURG-TOURISMUS.DE ///

VON BRUNNENMEISTERN UND PATRIZIERN

Wassertürme am Roten Tor in Augsburg

22

Augsburg will Welterbe werden – mit Hilfe der »Wasserkunst«. Die Lechkanäle sind für diese Pläne wichtig, die Prachtbrunnen auf der Maximilianstraße, die Wasserwerke, aber vor allem die Wassertürme am Roten Tor. Als ich noch ein Kind war und in den Wallanlagen am Roten Tor spielte, habe ich mir oft vorgestellt, dass Rapunzel von einem dieser Türme ihr Haar herunterließe. Damals durfte man sie nicht betreten, umso geheimnisvoller erschienen sie mir. Inzwischen sind die Bauten restauriert und der Öffentlichkeit zugänglich. Und natürlich weiß ich längst, dass sie nicht die Relikte einer verwunschenen Burg sind, sondern der Wasserversorgung dienten.

Bei Führungen können sich Besucher über die Bedeutung informieren, die den Türmen einst zukam – und über die ingeniöse Leistung der frühen Handwerker. Die Pläne zur Wasserversorgung der Stadt aus dem Brunnenbach gehen bis ins 15. Jahrhundert zurück. Schon 1416 wurde der große Turm errichtet, 54 Jahre später der kleinere. Mehr als 100 Jahre später kam der Kastenturm hinzu, ein umfunktionierter mittelalterlicher Wehrbau. Die nun drei Wassertürme mit ihren Pumpanlagen sowie ein Aquädukt versorgten vom Roten Tor aus die Stadt mit dem lebenswichtigen Wasser aus den Lechkanälen. Schon früh ließen sich die Augsburger Patrizierfamilien »fließendes Wasser« in ihre Paläste liefern, während die normalen Bürger ihren Bedarf noch lange aus den städtischen Brunnen schöpfen mussten.

Besucher erhalten nicht nur Einblicke in die Geschichte Augsburgs, sondern ebenso in die Schrift *Hydraulica Augustana*, die der bedeutendste Brunnenmeister der Stadt, Caspar Walter, im 18. Jahrhundert verfasste. Er machte die Brunnenanlagen, die er in einem maroden Zustand vorfand, zukunftsfähig.

Der Werkhof unter den Türmen ist heute eine schöne Gartenanlage, das Untere Brunnenmeisterhaus beherbergt das sehenswerte Handwerkermuseum.

KLAUS MARSCHALL LEITET DIE AUGSBURGER PUPPENKISTE ///
SPITALGASSE 15 /// 86150 AUGSBURG /// 08 21 / 4 50 34 50 ///
WWW.AUGSBURGER-PUPPENKISTE.DE ///

DIESSEITS VON LUMMERLAND

Augsburger Puppenkiste

23

Die trauen sich was, die Marionettenspieler der *Augsburger Puppenkiste*. Zu Weihnachten machten sie einen Kinderfilm mit Holzpuppen. Über die Geburt Jesu, ganz ohne »Special Effects«, dafür mit viel Getier und Klezmer-Musik. *Puppenkisten*-Chef Klaus Marschall hatte die Geschichte von Maria und Joseph und dem Kind fürs Marionettentheater adaptiert – mit Augenzwinkern und so manchem Hinweis auf die Flüchtlingsproblematik der Gegenwart. Die *Puppenkiste* will nicht verstaubt daherkommen, sondern den Zeitgeist einfangen.

Auch wenn Marschall wenig mit den erfolgreichen TV-Serien und noch weniger mit Pixeln anzufangen weiß – für den Enkel des Gründers Walter Oehmichen gibt es nichts Schöneres, als die Puppen tanzen und sich von Märchen verzaubern zu lassen. Dennoch ist der Theaterleiter alles andere als ein Traumtänzer. Im Gegensatz zur Konkurrenz von Film, Fernsehen und Spielekonsolen, die mit ihrer Perfektion der Fantasie kaum Spielraum lassen, setzt Marschall auf das Vorstellungsvermögen der Besucher und darauf, dass es den Puppenspielern gelingt, »die Holzköpfe zum Leben zu erwecken«.

Das kommt nicht nur bei den Kleinen gut an, sondern auch bei Erwachsenen. Viele von ihnen saßen als Kinder vor dem Fernseher und waren fasziniert, wenn im *Puppenkisten*-Lummerland das Frischhaltefolien-Meer wogte, wenn Jim Knopf und Lukas der Lokomotivführer die Lokomotive Emma durch die Berge aus Pappmaché steuerten. Spätestens seit damals ist die kleine Guckkastenbühne im ehemaligen Heilig-Geist-Kloster ein Augsburger Markenzeichen. In der Spitalgasse sind neben Jim Knopf auch der Kasperl und das Urmel zu Hause, und die Stars an Fäden sind mindestens so bekannt wie die Fugger, ja sie machen sogar den Fußballern des FCA Konkurrenz.

Im Museum *Die Kiste* im ersten Stock des Heilig-Geist-Spitals sind die bekanntesten Stars an Fäden versammelt.

ULRICHSKIRCHEN /// ULRICHSPLATZ 19 /// 86150 AUGSBURG ///
KATHOLISCHE BASILIKA ST. ULRICH: 08 21 / 34 55 60 ///
EVANGELISCH ST. ULRICHSKIRCHE: 08 21 / 8 09 90 00 ///
WWW.ULRICHSBASILIKA.DE /// WWW.EVANGELISCH-STULRICH.DE ///

HEILIG-KREUZ-KIRCHEN /// EVANGELISCHE: OTTMARSGÄSSCHEN 6 ///
KATHOLISCHE: HEILIG-KREUZ-STRASSE 5 /// 86152 AUGSBURG ///
WWW.HEILIG-KREUZ-AUGSBURG.DE /// AUGSBURG.DOMINIKANER.ORG ///

WAHRZEICHEN DER ÖKUMENE

Ulrichskirchen in Augsburg

24

Da stehen sie in trauter Eintracht, die große katholische und die kleine evangelische Ulrichskirche. Eine erstaunliche Einheit und ein Symbol für den Augsburger Religionsfrieden, der nach dem Dreißigjährigen Krieg die Gleichberechtigung der Konfessionen in der Stadt regelte. Im Andenken daran feiert Augsburg jeden 8. August das *Hohe Friedensfest*, seinen ureigenen Feiertag. Die »Friedenstafel«, an der sich Angehörige verschiedenster Konfessionen zum gemeinsamen Mahl versammeln, wird zu diesem Anlass allerdings nicht auf dem Ulrichsplatz vor den beiden Kirchen gedeckt, sondern auf dem wesentlich größeren Rathausplatz.

In der Basilika St. Ulrich und Afra stehen die Sarkophage mit den Gebeinen der beiden namensgebenden Heiligen und denen des heiligen Simpert. Bischof Ulrich ging als Held der Schlacht auf dem Lechfeld im Jahr 955 in die Geschichte ein, bei der die Ungarn vertrieben wurden. Erinnerungsstücke an ihn werden in einer eigenen »Heiltumskammer« aufbewahrt. Mich beeindruckt vor allem der hohe Kirchenraum aus dem 15. Jahrhundert mit den schönen Netz- und Sterngewölben und dem großartigen Hauptaltar, in dessen Zentrum das Weihnachtsgeschehen steht.

Aber auch für die kleine evangelische Ulrichskirche, die vor einigen Jahren sorgfältig restauriert wurde, sollte man sich Zeit nehmen. Führungen sind allerdings nur über das Pfarramt möglich. Dieses »Schatzkästlein evangelischer Barockkunst«, wie es auf der Internetseite der Gemeinde heißt, war einmal die Vorhalle der Basilika und wurde erst später zur (zunächst katholischen) Gemeindekirche. Nach der Reformation wurde die Gemeinde evangelisch, endgültig gesichert war die Konfession aber erst nach dem Westfälischen Frieden. Seither stehen sie in freundlicher Nachbarschaft nebeneinander – die päpstliche Basilika und die evangelische Schwesterkirche.

☞ Eine ähnliche Kirchenkonstellation gibt es in Augsburg noch ein zweites Mal: das Ensemble der katholischen und der evangelischen Heilig-Kreuz-Kirche.

WITTELSBACHER PARK /// ZWISCHEN ROSENAU- UND GÖGGINGER STRASSE /// 86159 AUGSBURG ///

WEITER INFORMATIONEN ERTEILT DAS AMT FÜR GRÜNORDNUNG, NATURSCHUTZ UND FRIEDHOFSWESEN /// DR.-ZIEGENSPECK-WEG 10 /// 86161 AUGSBURG /// 08 21 / 3 24 60 10 /// WWW.AUGSBURG.DE ///

DER HAIN MIT DEM MAISKOLBEN

Wittelsbacher Park in Augsburg

25

Mächtige Bäume und große Freiflächen sind typisch für diesen weitläufigen Stadtpark. Auf den lauschigen Wegen unter den Bäumen promenieren Pärchen, Hundebesitzer tollen mit ihren vierbeinigen Freunden auf den Wiesen, auf den Bänken am künstlichen See sitzen Alt und Jung in seltener Eintracht. An warmen Sommerabenden ist im Biergarten Hochbetrieb. Dann kann man auch die zehn Meter hohe Fontäne im See bewundern. Im Herbst ist der Biergarten verwaist, still liegt der kleine See, in dem sich der hübsche gusseiserne Pavillon spiegelt. Die herbstbunten Bäume stehen auf der Wasseroberfläche Kopf, ebenso wie der Hotelturm am Rande der Grünanlage.

Auf der Seite der Gögginger Straße begrenzt die Kongresshalle den Wittelsbacher Park. Dem Betonbau im nüchternen Stil der 1970er-Jahre musste der ungleich romantischere Ludwigsbau weichen, an den sich die älteren Augsburger bis heute mit nostalgischer Sehnsucht erinnern. Inzwischen erstrahlt die Kongresshalle nach gründlicher Restaurierung in neuem Glanz. Überragt wird sie vom Hotelturm, von den Augsburgern wegen seiner wabenförmigen Fassade »Maiskolben« genannt. Bei seiner Eröffnung im Olympiajahr 1972 stellte er den größten europäischen Hotelbau dar, und er ist mit seinen 107 Metern Höhe immer noch ein Wahrzeichen der Stadt.

Dass der ganze Park unter der Erde von kilometerlangen Gängen unterhöhlt war, wissen die wenigsten Augsburger. Ein Gang reicht sogar bis auf 20 Meter an den Hotelturm heran. Andere verlaufen direkt unter dem Rudolf-Diesel-Gedächtnishain. Diesen japanischen Steingarten ließen die *Yanmar-Diesel-Werke* in Amagasaki und Nagahama zum Gedenken an den Erfinder des Dieselmotors anlegen. Mit beiden Städten verbindet Augsburg seit 1959 eine enge Partnerschaft – die erste deutsch-japanische überhaupt.

Das Rosenaustadion unterhalb des Wittelsbacher Parks galt bei seiner Eröffnung 1951 als eines der schönsten Stadien Europas.

ARCHITEKTURMUSEUM SCHWABEN /// THELOTTSTRASSE 11 ///
86150 AUGSBURG /// 08 21 / 2 28 18 30 ///
WWW.ARCHITEKTURMUSEUM.DE/AUGSBURG ///

WOHLIGES WOHNGEFÜHL

Architekturmuseum Schwaben in Augsburg

26

Früher waren wir öfter im Thelottviertel zu Gast – bei Freunden. Sie bewohnten eines der schönen Reihenhäuser mit Erker und Holzspalier. Und sie hegten es liebevoll. Die Freundschaft ist zerbrochen, aber im Thelottviertel bin ich immer noch gerne, bummele durch die kleinen Straßen, schaue in die gepflegten Gärten und spähe durch die hübschen Sprossenfenster.

Es ist eine gutbürgerliche Gegend, diese älteste Gartenstadt Deutschlands, die der Architekt Sebastian Buchegger geplant und zusammen mit seinem Schweizer Kollegen Heinrich Sturzenegger verwirklicht hat. Herz dieser schon früh von Städtebau-Experten als vorbildlich gewürdigten »Einfamilienhäuser-Colonie« aus der Gründerzeit ist heute das Architekturmuseum Schwaben. Die Zweigstelle des Architekturmuseums der Technischen Universität München, die von der Arno-Buchegger-Stiftung finanziert wird, ist in der repräsentativen und denkmalgeschützten Buchegger-Villa untergebracht. Seit 1995 können sich Besucher nicht nur mit den zeitgenössischen Trends in der regionalen Architektur auseinandersetzen, sondern auch besichtigen, wie der visionäre Architekt mit seiner Familie gewohnt hat. Möbel und Lampen aus dem Nachlass sind noch erhalten. Bei Fachgesprächen und Vorträgen profiliert sich das Museum zudem als Forum für den jungen ambitionierten Nachwuchs.

Die Bombenangriffe des Zweiten Weltkriegs hat das Thelottviertel fast unbeschadet überstanden. Heute stehen die meisten Häuser unter Ensembleschutz, sodass Gäste draußen vor der Buchegger-Villa ebenfalls durch eine Art Architekturmuseum spazieren können. Und doch weht der Wind der Veränderung auch an diesem Ort: Nach dem Umbau des Hauptbahnhofs fährt die Straßenbahnlinie 5 durch das Viertel.

☞ Von der Gartenstadt in den Park: Der Wittelsbacher Park ist gleich nebenan.

BOTANISCHER GARTEN /// DR.-ZIEGENSPECK-WEG 10 ///
86161 AUGSBURG /// 08 21 / 3 24 60 38 ///
WWW.BOTANISCHER-GARTEN-AUGSBURG.DE ///

INFORMATIONEN ZUM AUGSBURGER JAZZSOMMER ERTEILT DAS
KULTURAMT DER STADT AUGSBURG /// BAHNHOFSTRASSE 18 1/3A ///
86150 AUGSBURG /// 0 82 / 3 24 32 51 ///
WWW.AUGSBURGER-JAZZSOMMER.DE ///

DIE FRIERENDE IM PARADIES

Botanischer Garten in Augsburg

27

Da sitzt sie und fröstelt, obwohl sie dick eingemummelt ist. Dabei scheint die Sonne. *Die Frierende* spürt das nicht, sie ist aus Stein. Aber ihr Standort könnte schöner nicht sein. Von ihrem Platz aus schaut sie immer in ein grünes Paradies, den Botanischen Garten. Nicht einen Garten umfasst dieser, sondern viele: einen Apotheker- und einen Bauerngarten, einen Natur- und einen Rosengarten, einen Kräuter- und einen Steingarten und natürlich ein Tropenhaus. Dazu noch Beispiele für Dach- und Hausgärten, kleine verträumte Winkel, einen Spielplatz und eine große Liegewiese.

Vielleicht würde *Die Frierende* gerne mal den Platz tauschen mit den beiden spielenden asiatischen Mädchen aus Granit und einen Blick in den Japan-Garten werfen. Mit seinen bemoosten Felsen, über die das klare Wasser mal rinnt, mal sprudelt, und mit den akkurat geschnittenen Bäumen, den Steinlaternen und Brücken bildet er ein Stückchen Japan mitten in Augsburg. Wenn ich hier bin, fühle ich mich an Kyoto erinnert, die alte Kaiserstadt mit ihren schönen Grünanlagen.

Doch auch das schwäbische Pendant ist nur ein kleiner, obschon ein besonders reizvoller Teil des Botanischen Gartens, der zu jeder Jahreszeit sein Gesicht ändert. Ich weiß gar nicht, wann ich am liebsten den Park besuche. Zur Magnolienblüte im Frühling. Im Sommer, wenn die Rhododendren verschwenderisch blühen und später die Rosen. Oder doch im Herbst, wenn die Blätter der Bäume in allen Gold- und Rottönen leuchten wie die Farben auf einem Gemälde von Rembrandt. Am wenigsten wohl im Winter, weil ich nicht gerne friere. Obwohl: Wenn der Reif wie Puderzucker auf den Baumskeletten liegt und die Laternen im Japan-Garten Schneemützen tragen, wenn alles weiß ist und das Wasser zu Eis erstarrt, auch dann hat der Botanische Garten seinen Reiz – und *Die Frierende* trägt ihren Namen zu Recht.

Im Rahmen des Augsburger Jazzsommers finden im Rosenpavillon des Botanischen Gartens hochklassige Jazzkonzerte statt, die weit über Augsburg hinaus bekannt sind.

ZOO AUGSBURG /// BREHMPLATZ 1 /// 86161 AUGSBURG ///
08 21 / 5 67 14 90 /// WWW.ZOO-AUGSBURG.DE ///

ZOFF IN DER ARCHE NOAH

Zoo Augsburg

28

Kibo, das kleine Nashorn, war vor nicht allzu langer Zeit der Star des Augsburger Zoos. Das knuffige Nashorn-Baby schaffte es sogar in die Schlagzeilen der überregionalen Zeitungen. Und als sich zum niedlichen Bullen auch noch das Nashornmädchen Keeva hinzugesellte, war die Freude groß. Dass der Augsburger Zoo, vor gut 80 Jahren als »Park der deutschen Tierwelt« eröffnet, heute ebenfalls exotische Bewohner beheimatet, ist für viele Besucher, die oft von weit her kommen, wichtig. Hier können sie Tiere sehen, für deren Anblick sie sonst weit reisen müssten. Deshalb werden die Anlagen auch stetig vergrößert. Die Schützlinge sollen so viele Freiheiten haben wie möglich.

Weitläufig ist das Afrika-Panorama, wo Kibo und Keeva ihre ersten Schritte wagten. Bei meinem Besuch geht gerade ein mächtiger Nashornbulle in Stellung, die zwei kleineren Tiere nehmen erst einmal die Herausforderung an. Drei Schädel senken sich, drei Hörner heben sich. Dann – machen die Weibchen einen Rückzieher. »So was habe ich noch nie gesehen«, flüstert eine Frau neben mir verzückt. Ganz weit hinten sehe ich Zebras und im Schatten der Bäume Antilopen. Wären nicht die deutschen Laubbäume, man könnte sich glatt in Afrika wähnen.

Bei den anderen Anlagen gibt es ebenfalls viel zu entdecken: Onager – asiatische Esel – und Steinböcke, Affen und Seehunde, Pelikane und Watussirinder, Schlangen und Erdmännchen. Über 1.600 Tiere leben im Zoo – eine Arche Noah, in der unter anderem bedrohte Tierarten überleben können. Doch für die Kinder sind die Hasen, die Zicklein und Lämmer im Streichelzoo das Wichtigste. Und natürlich der riesige Abenteuerspielplatz. Auch für das leibliche Wohl ist gesorgt: Auf halbem Weg locken ein Café und eine Weinbar sowie eine Zoogaststätte mit Selbstbedienung.

Bei Frühaufsteher- und Abendführungen kann man den Zoo einmal ganz anders erleben. Im Sommer findet zudem eine Dschungelnacht und zum *Augsburger Friedensfest* ein Kinderfest statt.

KURHAUS GÖGGINGEN /// KLAUSENBERG 6 ///
86199 AUGSBURG /// 08 21 / 9 06 22 11 /// WWW.PARKTHEATER.DE ///

WIE PHOENIX AUS DER ASCHE

Kurhaus Göggingen in Augsburg

29

Wer heute im wunderschönen Gögginger Kurhaus ein Konzert, eine Theateraufführung oder ein Varieté besucht, käme nie auf die Idee, dass dieses Bauwunder noch vor 40 Jahren vom Abriss bedroht war. Ausgerechnet eine Brandstiftung Anfang der 1970er-Jahre rettete das einzigartige Gebäude vor der endgültigen Zerstörung.

Geplant hat das palastartige Kurhaus, das mit seinen Glas- und Gusseisenelementen einem englischen Wintergarten nachempfunden ist, der Augsburger Architekt Jean Keller. Auftraggeber Hofrat Friedrich Hessing, Pionier der Orthopädie und Begründer der Orthopädischen Heilanstalt in Göggingen, wollte mit dem in einen Park eingebetteten Multifunktionstheater die Heilung seiner Patienten unterstützen. Mit einem hydraulischen Bühnenboden, Warmluftheizung und elektrischer Beleuchtung galt es bei seiner Eröffnung 1886 als wegweisend. Der Niedergang setzte im Dritten Reich ein, als das Gebäude in ein Lichtspieltheater umgebaut wurde. Die Amerikaner nutzten es nach dem Krieg kurzfristig als Truppenkino. Zwar erlebte das Kurhaus bis 1951 eine kurze Blütezeit als Theater-Dependance, doch nach dem Verkauf an private Investoren wurde es zunehmend vernachlässigt, diente gar vorübergehend als Baulager. Der Abriss war nur noch eine Frage der Zeit.

Erst nach dem Brand im Oktober 1972, dem die später eingebauten Zwischendecken und die Wandverkleidungen zum Opfer fielen, erkannten Experten die ursprüngliche Schönheit und die Bedeutung des Bauwerks. Alsbald wurde es unter Denkmalschutz gestellt und von der Stadt zurückgekauft. Es dauerte allerdings noch weitere 24 Jahre, bis das Kurhaus in alter Pracht wieder strahlte – ein Juwel des Historizismus und weltweit das einzig noch erhaltene Gebäude seiner Art.

Kultur & Genuss heißt das Programm, bei dem Gäste im Theatersaal begleitend zum Augen- auch den Gaumenschmaus serviert bekommen.

GASTSTÄTTE KULPERHÜTTE /// PFARRER-BOGNER-STRASSE 0 ///
86199 AUGSBURG /// 08 21 / 9 14 10 /// WWW.KULPERHUETTE.DE ///

KULT AN DER WERTACH

Gaststätte Kulperhütte in Augsburg

30

Dass die Kulperhütte vor über 90 Jahren eigentlich als Bienenhaus gebaut worden war, würde heute niemand mehr glauben. Schließlich liegt die Kultgaststätte an der Wertach heute mitten in der Stadt. Lorenz Kulper hatte das Bienenhaus kurz nach dessen Errichtung 1926 zum Kiosk umfunktioniert. Schon damals konnten sich Spaziergänger mit selbst gemachtem Eis, Bier und Fischsemmeln versorgen. Und über die Jahrzehnte wurde die Hütte bei Alt und Jung so beliebt, dass in den 1970er-Jahren ein zweites Gebäude errichtet wurde, um eine Ganzjahresbewirtung zu ermöglichen.

Doch Mitte der 1980er-Jahre verpachtete die Familie Kulper den Betrieb, die Betreiber wechselten, und mit der Zeit fiel das Areal in eine Art Dornröschenschlaf. Der ist längst wieder vorbei. Nach einer umfangreichen Renovierung ist die Gaststätte wieder ein populäres Ausflugsziel. Nicht zuletzt machen Veranstaltungen wie der *Augsburger Musiksommer*, das *Luft und Laune Open Air* oder *Steckerlfisch & Spanferkel* die Hütte an der Wertach zu einer viel geschätzten Einkehr. In den neuen Häuschen werden nicht nur typische Biergartengerichte wie Obatzdr, Currywurst oder Fischsemmel angeboten, sondern auch vegetarische und vegane Schmankerl, die von den Augsburger »Lokalhelden« in der Bismarckstraße beigesteuert werden.

An schönen Tagen ist der Biergarten rappelvoll, und viele Gäste sitzen in Liegestühlen an der Wertach, genießen die Sonne und den Blick auf den renaturierten Fluss, der wieder um die Kiesbänke mäandert, wie er es bis ins 19. Jahrhundert bereits getan hat. Behutsam wurde die Wertach aus ihrem Korsett befreit und ihr ursprünglicher Verlauf wiederhergestellt – zur Freude der Spaziergänger, aber vor allem der Tiere und Pflanzen, die am wiederbelebten Ufer, auf den Kiesbänken und den abgeflachten Böschungen neue Lebensräume finden.

☞ Entlang der Wertach kann man durch Auwälder und bis hin zum Bobinger Stausee wandern.

UNIVERSITÄT AUGSBURG /// UNIVERSITÄTSSTRASSE 2 ///
86159 AUGSBURG /// 08 21 / 59 80 /// WWW.UNI-AUGSBURG.DE ///

DIE HOCHSCHULE MIT DEM KATER

Universität Augsburg

31

Wo gibt es denn das? Ein rotbraun getigerter Kater, der über das Universitätsareal streift? In Augsburg hat »Campus Cat« sogar eine eigene Facebook-Seite, auf der er über den Alltag auf dem Hochschulgelände berichtet. Nur studieren muss der Kater nicht. Augsburgs Universität ist jung und familiär und alles andere als ein Elfenbeinturm der akademischen Lehre. Sie hat viele öffentliche Räume innerhalb der Gebäude, in denen Vortragsreihen und Konzerte stattfinden, aber auch die Kinderuni, bei der schon die Kleinen lernen, Alltagsfragen auf den Grund zu gehen.

Die sieben Fakultäten auf dem Campus und die Universitätsbibliothek, die ebenfalls die Sammlung des Fürstenhauses Oettingen-Wallerstein mit wertvollen Inkunabeln und Handschriften umfasst, sind in hellen, luftigen Gebäuden untergebracht. Die Mensa reagiert mit einer breiten Palette von Gerichten auf die unterschiedlichen Wünsche der rund 20.000 Studierenden, die aus allen Ecken der Welt kommen. Jeder Besucher kann hier essen, wenn er mag – zu Studentenpreisen.

Kunstwerke, die über das gesamte Areal verstreut sind wie ein Trojanisches Pferd, ein monumentaler Helm, meterhohe Stahlstühle und Stelen aus verschiedensten Materialien, machen einen Rundgang zu einer Entdeckungsreise in moderne Kunstwelten. Auch wer zu solch abstrakten Werken keinen Draht hat, kommt bei einem Spaziergang über den Campus, der als einer der schönsten Deutschlands gilt, auf seine Kosten – und trifft womöglich den rotbraunen Tigerkater. Am Uni-Teich stehen Bänke, auf denen man Platz nehmen, die Spiegelbilder im Wasser betrachten und den Studenten zuschauen kann, die diskutierend vorbeieilen. Ein Stück weiter hinten auf dem Gelände lässt Japan grüßen mit einem anmutigen roten Tor im Wasser, das an die japanische Insel Miyashima erinnert. Ganz klar: Sollte ich noch mal studieren, komme ich hierher.

Die Straßenbahnlinie 3 fährt direkt auf den Campus und verbindet in 15 Minuten die Stadtmitte mit der Universität.

WWK-ARENA /// BÜRGERMEISTER-ULRICH-STRASSE 90 ///
86199 AUGSBURG /// 08 21 / 65 04 03 70 /// WWW.FC-AUGSBURG.DE ///

LEUCHTTURM AUF DER GRÜNEN WIESE

WWK-Arena in Augsburg

32

Es hat eine Weile gedauert, aber nun ist die WWK-Arena des FCA, lange Jahre ein hüllenloses Betonskelett an der Bundesstraße 17, ein weithin strahlendes Aushängeschild der Stadt. Möglich macht es die neue Fassade aus einer Mischung von Alustangen und LED-Stäben, die in den Stadt- und Vereinsfarben Rot, Grün und Weiß leuchten.

Bis das neue Stadion stand, hatte der FCA eine lange Durststrecke zu überstehen. Erst 2006 hat der Club den Aufstieg in die Zweite Bundesliga geschafft und zwischenzeitlich sogar ein Gastspiel in der Ersten Liga gegeben. Da wurde es höchste Zeit für eine neue Sportstätte, denn das traditionsreiche Rosenaustadion entsprach nicht mehr den Anforderungen des Profifußballs. 2009 wurde die neue Arena auf der grünen Wiese eröffnet, eine Betonkonstruktion mit einer ambitionierten Gesamtkapazität von 30.660 Plätzen. Und zwei Jahre später war der FCA erstklassig. Das blieb der zunächst als Außenseiter belächelte Augsburger Verein auch, nur das Stadion hat in den zurückliegenden Jahren mehrmals den Namen gewechselt. Seit 2015 heißt es nun WWK-Arena. Hinter dem neuen Titel stehen die spendablen WWK-Versicherungen. Der Sponsor hat ebenfalls die lange fehlende Fassade finanziert, das schon früher zur Diskussion stehende mit LED-Leuchten durchsetzte Gespinst aus Aluminiumrohren.

Einen positiven Rekord schaffte die Arena schon von Beginn an: Sie ist das erste klimaneutrale Fußballstadion der Welt – dank ökologischer Wärmepumpen und sechs 40 Meter tiefer Brunnen, die über Wärmetauscher die gewünschte Temperatur erzeugen. Hitzig kann es trotzdem werden, und so richtig heiß her geht es immer dann, wenn die Augsburger im Derby auf die Münchner treffen.

☞ Bei Stadionführungen kann man nicht nur durch den Spielertunnel auf den Rasen auflaufen, sondern sich auch in den Spielerkabinen und im Business-Club umschauen.

DER WALDPAVILLON IM STADTWALD AUGSBURG ///
ILSUNGSTRASSE 15A /// 86161 AUGSBURG ///

UM DEN WALD ZU BESUCHEN, PARKEN SIE IN DER
KARWENDELSTRASSE 2 /// 86343 KÖNIGSBRUNN ///

INFORMATIONEN ZUM WILDPFERDEPROJEKT ERHALTEN SIE BEIM
LANDSCHAFTSPFLEGEVERBAND STADT AUGSBURG E.V. ///
UMWELTSTATION AUGSBURG /// DR.-ZEIGENSPECK-WEG 10 ///
86161 AUGSBURG /// 08 21 / 3 24 60 94 /// WWW.LPV-AUGSBURG.DE ///

SPAZIERGANG IN DIE STEINZEIT

Stadtwald Augsburg und sein Wildpferdeprojekt

33

Er ist die grüne Lunge der Stadt, der Siebentischwald, 2.000 Hektar groß, durchzogen von Bächen und einem Netz von Wander-, Rad- und Reitwegen, alle fein säuberlich voneinander getrennt. Auf moosweichen Pfaden kann man vom malerischen Stempflesee zum nicht minder pittoresken Hochablass wandern, kann sich treiben lassen durch den Forst, in dem tiefe Bombenkrater davon erzählen, dass der Krieg selbst in dieser scheinbaren Naturidylle getobt hat. Bomben zerstörten ebenfalls die Gaststätte, die dem Wald seinen Namen gegeben hat. Sie soll gerade mal sieben Tische gehabt haben. Heute sind viel mehr gedeckt. In Biergärten und Wirtschaften am Rand des Wasserschutzgebiets können sich die Spaziergänger laben.

Aber natürlich besticht der Wald vor allem durch die Natur. Besonders an dem Ort, an dem die mongolischen Wildpferde als »Landschaftspfleger« arbeiten. Die knuffigen Przewalski-Pferde rupfen in einem umzäunten 30 Hektar großen lichten Waldgelände den Grasfilz aus, halten Baumtriebe klein und sorgen so dafür, dass in dieser von Verbuschung bedrohten Lechheide wieder seltene Blumen wie Knabenkraut und Enzian blühen. Ihren Job erledigen die fünf Hengste – Stuten würden nur Unruhe in die Herde bringen – seit 2007 zur vollen Zufriedenheit des Landschaftspflegeverbands, der das ziemlich einzigartige Beweidungsprojekt initiiert hat und dafür 2012 mit dem Bayerischen Umweltpreis ausgezeichnet wurde.

Spaziergänger haben gute Chancen, im Gelände einen oder mehrere der fuchsroten Hengste mit der dichten Borstenmähne zu erspähen. Für mich haben sie eine auffallende Ähnlichkeit mit ihren urzeitlichen Vorfahren der Höhlenmalereien von Lascaux oder Altamira. Denkt man sich die Menschen weg, könnte man sich im Stadtwald glatt zurück in die Steinzeit versetzt fühlen.

Im Waldpavillon in der Ilsungstraße kommt man den Geheimnissen des Augsburger Stadtwalds auf den Grund.

INFORMATIONS- UND PRÄSENTATIONSPAVILLON 955
TREFFPUNKT LECHFELD /// ALTER POSTWEG 1 ///
86343 KÖNIGSBRUNN /// WWW.955SCHLACHTAUFDEMLECHFELD.DE ///
CAFÉ UND CHOCOLATIER MÜLLER ///
BÜRGERMEISTER-WOHLFAHRT-STRASSE 62 ///
86343 KÖNIGSBRUNN /// 0 82 31 / 3 19 79 ///
WWW.CAFEMUELLER.COM ///

EIN HEER AUS ZINNSOLDATEN

Infopavillon 955 Treffpunkt Lechfeld bei Königsbrunn 34

Eigentlich hält sich meine Begeisterung für Zinnsoldaten in Grenzen. Aber diese Dioramen zur historischen Schlacht auf dem Lechfeld am 10. August 955, bei der die Ungarn der Legende nach mithilfe des Augsburger Bischofs Ulrich zurückgeschlagen wurden, sind fantastisch. Man könnte Stunden davor verweilen, sich anhören, was damals geschah, was die Hintergründe und wer die Hintermänner waren, und sich wie in einem Wimmelbild besonders anschauliche Szenen herauspicken.

Mehr als 12.000 individuell gestaltete Zinnfiguren wurden sorgfältig in drei großen Dioramen in Szene gesetzt. Kaum ein Soldat ist wie der andere. Genauestens hat der Erbauer Martin Sauter die Rüstungen der unter König Otto I. vereinigten Stämme der Bayern, Böhmen, Franken, Schwaben und Sachsen studiert, aber auch den angreifenden Ungarn Individualität zugestanden.

Ebenso penibel recherchiert ist das Erscheinungsbild von Stadt und Land in jener Zeit. Das fällt schon beim ersten Diorama ins Auge, das die Belagerung Augsburgs zeigt. Der romanische Dom ist der Mittelpunkt einer Ansammlung von strohgedeckten Häusern und Hütten, die sich innerhalb der schon bröckelnden Stadtmauern zusammenkauern. Mittels Touchscreen können sich die Besucher über die historische Rolle von Bischof Ulrich informieren, die auch auf dem Deckengemälde in der nahe gelegen Ulrichskirche thematisiert wird. Spannend ist auch eine Tag- und Nachtsimulation. Das zweite Diorama zeigt den Überfall der Ungarn auf den Tross der Deutschen und das dritte und größte Schaubild schließlich die überstürzte Flucht der Angreifer über den damals noch wilden Lech. Ein schlaues Licht- und Tonsystem lenkt den Blick auf zentrale Szenen und liebevoll arrangierte Kleinstszenarien.

Rund fünf Minuten entfernt vom Schlachtgeschehen kann man sich im »Schoko-Schlösschen« Café Müller an süßen Schmankerln laben.

GASWERK /// AUGUST-WESSELS-STRASSE 30 /// 86156 AUGSBURG ///
08 21 / 58 50 41 /// WWW.GASWERK-AUGSBURG.DE ///

VIEL THEATER IM INDUSTRIEDENKMAL

Gaswerk in Augsburg

35

Dass Industriekultur wunderschön sein kann, wusste ich lange nicht, obwohl Augsburg auf eine lange Geschichte als Industriestandort blickt und die Textilbarone Fabriken errichtet haben, die Schlössern ähnlicher waren als den damals üblichen ärmlichen Behausungen ihrer Arbeiter. Diesem Prunk entspricht auch das Gaswerk, zwischen 1913 und 1915 auf freiem Feld erbaut. Damals das modernste seiner Art weit und breit, ist es heute ein Denkmal von internationalem Rang, wie Karl Ganser urteilt, der als »Architekt des neuen Ruhrgebiets« weltweite Anerkennung genießt.

Großartige Innenräume befinden sich in dem prächtigen Gründerzeitensemble rund um den Gaskessel, einem Scheibengasbehälter, der mit 86 Metern Höhe weithin zu sehen ist. Nur der Hotelturm und der Turm der St. Ulrichskirche sind noch höher. Dass man im Augsburger Gaswerk den Weg der Leuchtgaserzeugung Gebäude für Gebäude abwandern kann, ist einzigartig in ganz Europa. Ofenhaus, Kühlerhaus, Apparatehaus, Reinigerhaus – alles noch im Original erhalten, obwohl die Produktion 1978 endgültig endete. Ebenso wie »die weltweit einmalige Ansammlung von vier unterschiedlichen Gasbehältern, die zwischen 1910 und 1953 erbaut wurden«, so Karl Ganser, und die dieses Gaswerk zu einem »Freilichtmuseum der Gasspeichertechnik« machen.

Noch bis 2001 wurde im Gaswerk Erdgas eingespeist. Das Ensemble soll nach dem Willen der Stadt als *KreativWerk* zur Heimat der alternativen Kulturszene werden. Dafür werden die denkmalgeschützten Gebäude nach und nach saniert, auch ein Neubau ist geplant. Während das marode Zuhause des Stadttheaters umgebaut wird, zieht dieses zudem mit Werkstätten und Probebühnen ein, und der Gaskessel wird die Brechtbühne ersetzen.

Wagemutige können zu bestimmten Terminen den Gaskessel besteigen.

AB DEM PARKPLATZ AM ENDE DER WELDENER SCHWARZBRUNNENSTRASSE
IST DER KINDERWAGENGERECHTE LAUSBUBENWEG AUSGEWIESEN

WEITERE INFORMATIONEN ERTEILT DIE
VERWALTUNGSGEMEINSCHAFT WELDEN /// MARKTPLATZ 1 ///
86465 WELDEN /// 0 82 93 / 69 90 /// WWW.VG-WELDEN.DE ///

AUCH GROSSE FANGEN KLEIN AN

Ludwig Ganghofers Lausbubenweg in Welden

36

Wer kennt heute noch den Schriftsteller Ludwig Ganghofer? Zu seiner Zeit, Ende des 19. Jahrhunderts, waren seine Bücher wie *Der Jäger von Fall*, *Schloss Hubertus* oder *Der Mann im Salz* Bestseller, heute vielleicht vergleichbar mit den Harry-Potter-Bänden. Und noch immer gehören die Heimatromane Ganghofers zu den meist verfilmten überhaupt.

Seine Erinnerungen mit dem Titel *Lebenslauf eines Optimisten* feiern eine unbeschwerte Jugend in Welden bei Augsburg, wo sein Vater August Leiter der Königlich-Bayerischen Forstverwaltung war. Und der junge Ganghofer liebte die Natur ebenso wie später der erwachsene. »Immer steht mir zwischen schönen Dingen der Wald als das schönste«, schwärmte der Schriftsteller rückblickend.

Liest der Spaziergänger die Tafeln auf dem *Lausbubenweg* in Welden – der den unbeschwerten Kinderjahren des Heimatdichters gewidmet und streckenweise mit dem *Ganghofer-Rundweg* identisch ist –, fühlt er sich hin und wieder an *Die Kinder von Bullerbü* von Astrid Lindgren erinnert. Der kleine Ludwig schien keinen Streich auszulassen, räuberte in Hühnernestern, vergrub das Tafelsilber der Familie und stromerte mit seinen Freunden am liebsten durch den Schwarzbrunner Wald im Schwäbischen Holzwinkel oder fischte in dem Flüsschen Laugna.

An fünf Mitmachstationen können kleine und große Lausbuben nach dem versteckten Familienschatz graben, Bäume bestimmen oder einen Pappmaché-Nepomuk mit Tannenzapfen bewerfen. Ich habe das Nest unter der linken Achselhöhle der Heiligenfigur trotz einiger Versuche nicht getroffen – ebenso wenig Nepomuks Nase. Aber ich bin ja auch kein Lausbub. Der junge Ludwig wäre gewiss treffsicherer gewesen. Der Weg auf seinen Spuren führt vorbei an der Ganghofer-Quelle und der erst 1985 errichteten Ganghofer-Hütte tief hinein in den Wald, dorthin, wo sich einst der Lausbub und später der Dichter am wohlsten fühlte.

Kinder, die nach dem Rundweg immer noch nicht ausgelastet sind, können sich beim Wiesenweg in Welden auf einem tollen Abenteuerspielplatz austoben.

DER AUSGESCHILDERTE LANDART-KUNSTPFAD BEGINNT IM ZENTRUM VON BONSTETTEN /// HAUPTSTRASSE 9 /// WWW.KUNSTPFAD-BONSTETTEN.DE ///

BRÄUSTÜBLE BONSTETTEN /// HAUPTSTRASSE 11 /// 86486 BONSTETTEN /// 0 82 93 / 90 92 04 /// WWW.BRAEUSTUEBLE-BONSTETTEN.DE ///

VERGÄNGLICHE KUNST IM WALD

Landart-Kunstpfad in Bonstetten

37

Hama Lohrmann, Jahrgang 1965 und gelernter Zimmermann, ist ein besonderer Künstler, einer, der keinen Wert auf Ewigkeit legt. Es geht ihm darum, vergängliche Zeichen in der Natur zu setzen und die schöpferische Arbeit auch als körperliche Erfahrung zu erleben. Lebendigen Ausdruck findet seine Philosophie seit 2014 auf dem rund sechs Kilometer langen Kunstpfad von Bonstetten im Naturpark Augsburg – Westliche Wälder. »Landart« nennt sich die flüchtige Kunst, für die der mehrfache Preisträger Lohrmann nur Material verwendet, das er im Wald vorfindet: Zapfen, Holz, Wurzeln, Kiesel, Moos.

An neun Stationen, die nichts vor der Witterung schützt, lädt der Künstler zum Einssein mit der Natur ein. Verbunden sind die einzelnen Stationen durch eine erlebnisreiche Route, die teilweise dem geologischen Lehrpfad, teilweise dem Rundweg um Bonstetten folgt, aber zwischendurch tief hineinführt in den Wald. Abwechslungsreich ist dieser Weg auch für die Füße, sobald der Wanderer hinter dem Friedhof von Bonstetten die Straße verlassen hat. Mal läuft er auf Schotter, dann wieder auf Moos und Gras, mal auf einem weichen Blätterteppich, dann wieder auf Kieseln. Mal geht es steil bergan, mal kann man auf ebener Strecke unter den Wipfeln der Bäume die Natur genießen und sich wie in einer Kathedrale fühlen. Dazu trägt auch die Landart des Hama Lohrmann bei – Kreise und Vierecke, meist auf dem Boden und nicht immer auf Anhieb sichtbar.

Die Beschilderung mit dem hellgrünen Kreis sorgt dafür, dass der Besucher im Wald nicht die Orientierung verliert. Und zum schönen Abschluss der Wanderung lädt ein Holzgitter dazu ein, den Blick ins weite Tal und hinüber bis zum Horizont schweifen zu lassen – zwischen den Stäben hindurch.

Zur Stärkung vor oder nach dem Rundweg lädt der Gasthof Bräustüble in der Dorfmitte Bonstettens ein.

Eukitea
SPIEL
WERK
EUROPÄISCHES KINDERTHEATER EUKITEA /// LINDENSTRASSE 18B ///
86420 DIEDORF /// 0 82 38 / 9 64 74 30 /// WWW.EUKITEA.DE ///

EIN HAUS MIT HERZ

Europäisches Kindertheater Eukitea in Diedorf

38

Die Ursprünge liegen in Walkertshofen, im *Spielwerk*, das 1984 als freies Theater gegründet wurde. Die Sommerfeste draußen in der Natur waren etwas ganz Besonderes, und schon damals lag den Schöpfern vor allem das Kinder- und Jugendtheater am Herzen. Es gab Workshops für Amateure und viele Fans, die in das Dorf in den Stauden pilgerten, um ein *Spielwerk*-Stück zu sehen. Ich war einer von ihnen, fühlte mich wohl in dieser alternativen Schauspielszene. Doch alles hat seine Zeit.

Einige der Gründer der ersten Stunde gingen ihre eigenen Wege. Stephan Eckl, der eigentlich als Bildhauer angefangen hatte und über seinen Bruder Anton zum Schauspiel gekommen war, blieb – und suchte neue Herausforderungen. 1998 zog das freie Theater, das sich inzwischen *Eukitea* (Europäisches Kindertheater) nannte, nach Diedorf, näher an die Schwabenmetropole Augsburg. In Diedorf steht auch die neue Bühne.

Leuchtend rot ist der Niedrigenergie-Bau – wie ein Ausrufezeichen auf dem Land. Er zeigt, dass Kultur eine Chance hat. Dass man vom Theater leben kann, wenn man hart dafür arbeitet. Stücke zu aktuellen Themen, die Stephan Eckl als »Spagat zwischen Kultur und sozialem Engagement« bezeichnet, sollen Kindern und Jugendlichen helfen, sich mit sich und der Umwelt auseinanderzusetzen. Mit eines der Aushängeschilder des Schauspielhauses sind die experimentellen internationalen Theaternächte, bei denen sich das 25-köpfige Team unter anderem an schwere Kost heranwagt wie etwa Goethes *Faust* oder Shakespeares *Sturm*. Wobei es Eckl nicht allein um schauspielerische Perfektion geht, sondern auch darum, »mit dem Herzen zu spielen«.

Von diesem Geist ist das ganze Theaterhaus erfüllt – und das macht seinen besonderen Reiz aus.

☞ Im Theatercafé können Gäste hausgemachten Kuchen genießen und die Schauspieler treffen.

ABTEI UND VOLKSKUNDEMUSEUM OBERSCHÖNENFELD /// OBERSCHÖNENFELD 4 /// 86459 GESSERTSHAUSEN-OBERSCHÖNENFELD /// 0 82 38 / 9 62 50 /// WWW.ABTEI-OBERSCHOENENFELD.DE /// WWW.SCHWAEBISCHES-VOLKSKUNDEMUSEUM.DE ///

ZUR ZEITREISE INS STAUDENHAUS

Abtei und Volkskundemuseum in Oberschönenfeld

39

Wanderungen mit der Schule führten zu meiner Zeit gerne nach Oberschönenfeld, ebenso die Kindergartenausflüge meiner Söhne viele Jahre später. Die idyllisch gelegene Zisterzienserabtei vor den Toren Augsburgs mit dem großen Biergarten und dem Wirtshaus ist ein beliebtes Ausflugsziel. Auch weil sich in den ehemaligen Stallungen des Klosters das Volkskundemuseum befindet, wo Gästen die »Lebenswelt Kloster« und »Geschichte(n) aus Schwaben zwischen 1800 und heute« nähergebracht werden.

Fotografien, Texte und neuerdings auch Mitmachstationen ergänzen in dem ältesten Museum des Bezirks Schwaben die Sammlung alter Geräte und Maschinen und führen plastisch vor Augen, wie hart die Menschen vor nicht allzu langer Zeit arbeiten mussten. So richtig auf Zeitreise gehen kann man im Staudenhaus, das einen Katzensprung vom Kloster entfernt am Ufer der Schwarzach wiedererrichtet wurde. Das letzte Strohdachhaus im Kreis Augsburg, in dem Stall und Wohnräume ineinander übergehen, diente Kleinbauern als Unterkunft. Die Einrichtung stammt aus dem 19. Jahrhundert – wie das originale Plumpsklo im Garten. Einen Besuch wert ist auch die frisch restaurierte Abteikirche Mariä Himmelfahrt mit ihrer barocken Innenausstattung.

Klosterleben gab es in Oberschönenfeld schon viel früher. Alles begann wohl im 12. Jahrhundert, als sich fromme Frauen, Beginen, zusammenfanden, um ein gottgefälliges Leben zu führen. Die älteste Urkunde über das Kloster stammt aus dem Jahr 1248, die älteste Kirche wurde 14 Jahre später eingeweiht. Nach den Zerstörungen des Dreißigjährigen Krieges wurden Abtei und Kirche Anfang des 18. Jahrhunderts wiederaufgebaut. König Ludwig I. von Bayern bewilligte nach der Säkularisierung den Fortbestand des Klosters. Inzwischen gibt es sogar Schwesterklöster in Brasilien.

Weithin bekannt ist das Oberschönenfelder Holzofenbrot, das seit Generationen im Kloster gebacken wird. 1691 schon wurde ein eigener Backofen urkundlich erwähnt.

NATURFREIBAD FISCHACH /// SCHMUTTERWEG 6 ///
86850 FISCHACH /// 0 82 36 / 9 58 94 56 ///
WWW.NATURFREIBAD-FISCHACH.DE ///

PLANSCHSPASS FÜR GROSS UND KLEIN

Naturfreibad Fischach

40

Fast schon karibikgrün leuchtet das Wasser. Und wären da nicht die Häuser von Fischach, man könnte sich in andere, gar tropische Gefilde versetzt fühlen. 2008 hat sich die Marktgemeinde im Naturpark *Augsburg – Westliche Wälder* den Traum von einem Naturfreibad erfüllt. Man wollte kein fest gemauertes Becken mit Chlorwasser, sondern einen Schwimmteich im Grünen.

Ein Spaßbad ist die Anlage nicht, auch wenn sie eine breite Rutsche zu bieten hat. Die muss schon sein, damit Kinder und Jugendliche in diesem nach ökologischen Gesichtspunkten konzipierten Naturfreibad vergnügt planschen können. Auf Mutige wartet zudem ein »Sprungfelsen«, auf Romantiker eine Wassergrotte, und Wasserratten, die nur schwimmen wollen, genießen die Weitläufigkeit des Areals. Alles soll so natürlich wie möglich aussehen. Schilf und Blumen wachsen rund um den 2.400 Quadratmeter großen Schwimmteich, Holzstege führen weit hinein. Das Wasser wird nur biologisch gereinigt nach einem der Natur abgeschauten Verfahren: im separat angelegten Regenerationsteich. Mikroorganismen wandeln darin kleine Schmutz- und Schwebepartikel in mineralische Salze um. So kann auf den Einsatz von Chemikalien verzichtet werden.

Zum Sonnenbaden laden großzügige Liegewiesen ein, und natürlich finden Sportliche einen Beachvolleyballplatz und Tischtennisplatten vor. Originell ist der Mehrgenerationenspielplatz gleich hinter dem Kleinkinderbecken mit Slackline und Rutsche, mit einem Bambushöhlengang, einer Flying-Fox-Seilrutsche und einer Bocciabahn. Im Kiosk am Rand des Schwimmteichs gehen nicht nur die üblichen Pommes über den Tresen, sondern ebenfalls hausgemachte Brotzeiten und Wraps. Wenn dann noch die Sonne scheint, steht einem abwechslungsreichen Badetag für Groß und Klein nichts mehr im Weg.

Fischach ist der Ausgangspunkt des Stauden-Meditationswegs, der bis nach Kirchsiebnach ins Allgäu führt und sich an Menschen richtet, die in der Natur über Gott und die Welt nachdenken wollen.

DER ZUGANG ZUM WALD- UND GESCHICHTSLEHRPFAD HALDENBURG BEFINDET SICH SÜDLICH DES ÖRTCHENS SCHWABEGG AM ENDE DER SCHLOSSBERGSTRASSE

WEITERE INFORMATIONEN ERTEILT DER NATURPARK »AUGSBURG – WESTLICHE WÄLDER« E.V. /// AUSSENSTELLE SCHWABMÜNCHEN /// FUGGERSTRASSE 10 /// 86830 SCHWABMÜNCHEN /// WWW.NATURPARK-AUGSBURG.DE ///

ZURÜCK ZU DEN KELTEN

Wald- und Geschichtslehrpfad Haldenburg bei Schwabegg 41

Erstaunlich steil bricht die Hochfläche zum Wertachtal hin ab. Ein kleiner Parkplatz am Ende von Schwabegg, eine Hinweistafel auf den Wald- und Geschichtslehrpfad. Eigentlich deutet wenig darauf hin, dass wir uns an diesem Ort auf historischem Boden befinden. Der erste Abschnitt des Rundwegs, den uns das Eichhörnchen weist, das uns auf der gesamten Strecke begleiten wird, ist steil und kann bei Regen rutschig werden. Gutes Schuhwerk ist also zu empfehlen. Tafeln am Wegrand klären über die Bäume des Waldes auf, erzählen über die Bedeutung von Eiche und Eibe, von Fichte und Föhre für Mensch und Umwelt. Dann beschleicht einen plötzlich das Gefühl, vor einem Graben zu stehen, es geht hinunter und wieder hinauf. Wir sind an der Haldenburg angekommen.

Zu sehen ist von der riesigen Anlage, wohl im 10. Jahrhundert im Auftrag des Augsburger Bischofs Ulrich als Schutzburg für die Bevölkerung gebaut, nichts mehr. Zu erahnen ist allerdings viel, auch wenn längst Gras über die mächtige Bastion gewachsen ist, nachdem die Ungarn auf dem Lechfeld geschlagen worden waren: Man kann sich gut vorstellen, wo die schon damals mit Gestrüpp bewachsenen »Reitergassen« angelegt waren, die angreifende Feinde zum Absitzen zwingen sollten, und wo die »Ungarnwälle« emporragten. Die Ungarn waren als schnelle und wendige Reiter und treffsichere Bogenschützen gefürchtet. Umso wichtiger waren die Wälle und die oft mit Pfeilspitzen gespickten Reitergassen.

Wer genau hinschaut, kann zudem erahnen, wo die Burg stand, in der Bischof Ulrich womöglich ein Jahr vor der großen Ungarnschlacht Zuflucht gesucht hat. Dieser Wald könnte wohl viele Geschichten erzählen. Wir folgen dem Eichhörnchen zurück in die Gegenwart und lassen uns erklären, wie wichtig auch heute noch der Wald für die Vielfalt der Fauna ist.

Wer noch weiter wandern will: Schwabegg liegt am Schwäbisch-Allgäuer Wanderweg, der von Augsburg nach Sonthofen führt.

SCHLOSSPARK SEYFRIEDSBERG /// SEYFRIEDSBERG 1–2 /// 86473 ZIEMETSHAUSEN ///

ERREICHBAR IST DIE ÖFFENTLICHE GRÜNANLAGE AUF DER STRASSE NACH LANGENNEUFNACH G72 ÜBER DIE WALLFAHRTSKIRCHE MARIA VESPERBILD /// SCHELLENBACHER STRASSE 4 /// 86473 ZIEMETSHAUSEN /// WWW.MARIA-VESPERBILD.DE ///

BOTANISCHE WUNDERWELT

Schlosspark Seyfriedsberg in Ziemetshausen

42

Solche Rhododendrengebirge kenne ich eigentlich nur von traditionellen englischen Schlossanlagen. Der 1848 von Karl Anselm Prinz zu Oettingen-Wallerstein gegründete »forstbotanische Park« am Schloss Seyfriedsberg erinnert in seiner ganzen Pracht an einen klassischen britischen Landschaftsgarten, und er überrascht durch eine Fülle exotischer Sträucher und Bäume wie Chinesischen Wacholder, Sibirische Fichten, iranische Tulpenbäume, Azaleen aus dem Kaukasus, argentinische Linden oder ukrainische Traubeneichen. Eine botanische Wunderwelt, die im süddeutschen Raum wohl ziemlich einmalig ist.

Hier dürfen die Bäume auf den grünen Grasteppichen noch in den Himmel wachsen. Die jungen Mammutbäume hat der Prinz selbst »nachgezogen«, und er hat festgeschrieben, dass der märchenhafte Park der Öffentlichkeit zugänglich sein soll. Das ist das versteckte botanische Kleinod bis heute, auch wenn das sonnengelbe Renaissanceschlösschen wieder einmal neue Besitzer bekommen hat. Gegründet worden war es 1227 vom Augsburger Bischof Siegfried von Rechberg als »Sifrisperc«. Zwischenzeitlich wechselten sich die Staufer, die Habsburger und die Marktgrafschaft Burgau als Eigentümer ab. 1751 erwarb dann Philipp Karl Graf zu Oettingen-Wallerstein Residenz und Herrschaft. Mitte des 19. Jahrhunderts erhielt das Schloss nach einer gründlichen Renovierung sein heutiges Aussehen.

Während das Gebäude der Öffentlichkeit nach wie vor verschlossen ist, bleibt der Park mit der imposanten Blutbuchenallee am Eingang für jedermann offen – so wie es der Gründer vor 170 Jahren verfügt hat.

In der Nachbarschaft von Schloss Seyfriedsberg ist die Wallfahrtskirche Maria Vesperbild einen Besuch wert.

HOTEL SCHREIEGG'S POST /// POSTGASSE 1 ///
86470 THANNHAUSEN /// 0 82 81 / 9 95 10 ///
WWW.SCHREIEGGS-POST.DE ///

ROMANTISCHE AUSZEIT

43

Hotel »Schreiegg's Post« in Thannhausen

Dass es ein Gebäude mit einer langen Tradition ist, sieht man dem sonnengelben Hotel *Schreiegg's Post* schon von außen an. 1890 wurde das Haus im Städtchen Thannhausen zur königlich-bayerischen Posthalterei erhoben. Doch die Geschichte reicht noch weiter zurück, in eine Zeit, als Thannhausen österreichisch war. Vor gut 500 Jahren war das heutige Hotel ein Gasthaus mit angeschlossener Brauerei und eigener Mälzerei. Die Brauerei wurde 1911 auf den Eichberg verlegt, das Stammhaus aber blieb bis zum Tod der letzten Posthalterin Anna Schreiegg 1982 ein gastlicher Betrieb, der nah und fern einen guten Ruf genoss.

Die Erben entschieden sich für eine grundlegende Sanierung des unter Denkmalschutz stehenden Gebäudes und eröffneten es im Jahr 2000 als Luxushotel mit Sterneküche. Seit 2010 bringen die Pächter Julia und René Nicke eine »leichte Genießerküche« auf den Tisch. Regionalität und Saisonalität sind Küchenchef René Nicke wichtig. Das Wild kommt aus der eigenen Jagd, Gemüse bezieht er vom heimischen Bauern, Kräuter aus dem Garten. Auf den Michelin-Stern verzichtet der Chef, der selbst in der Sternegastronomie Erfahrung gesammelt hat. Seine Gäste, weiß er, schätzen einen guten Wurstsalat ebenso wie den glasierten Rehrücken.

Schreiegg's Post ist ein Familienbetrieb, bei dem alle zusammenarbeiten, damit Besucher sich wohlfühlen. Das Ambiente trägt das Seine dazu: Die Stuben, die »Postzimmer«, »Biedermeierzimmer« oder »Bräustube« heißen, sind ebenso elegant wie behaglich. Bilder an den Wänden erzählen von der gastlichen Tradition des Hauses. Das historische Kreuzgewölbe im Keller ist ein Fall für Romantiker, eine ideale Kulisse für Hochzeiten. Mindestens ebenso romantisch ist im Sommer der Kastaniengarten, wo die Gäste unter alten Bäumen einen lauschigen Abend verbringen können.

Das Hotel mit zehn Zimmern und drei Suiten bietet auch Kurzurlaub-Packages an.

DOMINIKUS-RINGEISEN-WERK URSBERG /// KLOSTERHOF 2 /// 86513 URSBERG /// 0 82 81 / 9 20 /// WWW.DOMINIKUS-RINGEISEN-WERK.DE ///

KLOSTER HOLZEN /// KLOSTERSTRASSE 1 /// 86695 ALLMANNSHOFEN /// 0 82 73 / 9 95 90 /// WWW.KLOSTER-HOLZEN.DE ///

JEDER MENSCH IST KOSTBAR

Dominikus-Ringeisen-Werk in Ursberg

44

Den Nationalsozialisten waren die Behinderteneinrichtungen in Ursberg ein Dorn im Auge. 1934 beschließen sie ein Gesetz »zur Verhütung erbkranken Nachwuchses«, der Todesstoß für Ursberg. Die Lehrerinnenbildungsanstalt wird geschlossen, bald darauf auch die Mädchenmittelschule. Noch schlimmer: 519 Menschen mit Behinderung werden in staatliche Anstalten verlegt, 379 sterben eines gewaltsamen Todes.

An diese schreckliche Zeit erinnert im heutigen Kloster Ursberg nur noch ein unauffälliges Mahnmal. Das Areal um die barockisierte Pfarrkirche St. Johannes Evangelist strahlt eine einladende Wärme aus. Menschen mit Handicap gehören zum Alltagsbild dazu, werden nicht ausgegrenzt. Ihnen Teilhabe an der Gemeinschaft zu ermöglichen war schließlich das Anliegen des Priesters Dominikus Ringeisen, der 1844 die ehemalige Prämonstratenserabtei kaufte. Personen mit körperlicher oder geistiger Behinderung sollte ein geschütztes Umfeld geboten werden, in dem sie ihre eigenen Fähigkeiten entwickeln konnten. »Jeder Mensch ist kostbar«, war Ringeisens Leitspruch. Er starb 1904 und musste nicht miterleben, wie die Nazis seine Idee mit Füßen traten. Doch sein Name und sein Werk leben weiter.

Das Dominikus-Ringeisen-Werk in Ursberg gibt heute Menschen mit Handicaps Chancen auf Bildung und Ausbildung, Wohn- und Arbeitsmöglichkeiten. Zudem ist es mit seiner schönen Kirche und dem einladenden Brauhaus ein beliebtes Ausflugsziel. Im Laden sind Produkte erhältlich, die direkt aus den nahen Werkstätten oder der Klostergärtnerei stammen, im Bistro gleich nebenan kommen Besucher und Bewohner der Einrichtung, Jugendliche und Senioren bei einer Tasse Kaffee ins Gespräch. Und in der Klosterbräustube sowie im schönen Biergarten wird unter dem Motto »Slow Food« Genuss großgeschrieben.

Ebenfalls Teil des Dominikus-Ringeisen-Werks ist Kloster Holzen in Allmannshofen mit einem weitläufigen Biergarten und einem spirituell orientierten Tagungshotel.

HEILBAD KRUMBAD /// BISCHOF-SPROLL-STRASSE 1 ///
86381 KRUMBACH (SCHWABEN) /// 0 82 82 / 90 60 ///
WWW.KRUMBAD.DE ///

HÜRBENER WASSERSCHLOSS /// KARL-MANTEL-STRASSE 51 ///
86381 KRUMBACH (SCHWABEN) /// 0 82 82 / 6 22 42 ///

SAGENHAFTE KURIDYLLE

Heilbad Krumbad in Krumbach

45

Die Häuser in Sonnengelb wirken schon vom Parkplatz aus einladend. Ringsum grünt und blüht es. Das Krumbad östlich von Krumbach bietet eine Idylle, die aus der Zeit gefallen zu sein scheint – abgesehen vom modernen Anbau. Der neue Therapiepavillon, ein eher schlichter Quader mit raumhohen Fenstern und einer Verkleidung aus Kupferplatten, bildet einen auffallenden Kontrast zu den traditionellen Gebäuden und verleiht dem ältesten Heilbad in Bayerisch-Schwaben einen neuzeitlichen Anstrich.

Schließlich geht das Bad bei den Anwendungen schon längst neue Wege, wobei Klassisches wie Heubäder mit Zeitgeistigem wie Ayurveda kombiniert wird. Für die Herren sind Bierbäder im Angebot, für die Damen eine Schwangerschaftsmassage mit Edelsteinen. Nicht zu vergessen: der Krumbader Badstein, der in Packungen und beim Peeling ebenso eingesetzt wird wie beim Schlammtreten oder -kneten. Die speckige Tonerde wird in den Werkstätten des Dominikus-Ringeisen-Werks in Ursberg getrocknet, zerklopft und gemahlen. Mit Wasser vermischt, wird aus dem Steinmehl der Krumbader Heilschlamm. Gewonnen wird der als »Peloid« bezeichnete Heilstein – vom griechischen »Pelos« abgeleitet, »Schlamm« – aus dem Bergrücken des Buchenwaldes nördlich des Krumbads. Womöglich ist auch er ein Erbe des gewaltigen urzeitlichen Meteoriteneinschlags im Nördlinger Ries vor 14,5 Millionen Jahren, der die Zusammensetzung des Bodens nachhaltig veränderte.

Eher ins Reich der Legenden gehört wohl die traurige Geschichte, die man sich über die Entstehung der Krumbader Quelle erzählt. Der zufolge hat der eifersüchtige Ritter Ulrich von Ellerbach im Jahr 1390 seine fromme Frau Adelheid in eine Scheune gesperrt und diese angezündet. Die unschuldige Frau starb, aber ihr Leib blieb unversehrt. Und an der Brandstelle sprudelte alsbald eine Quelle, die später zum Elixier für ein heilendes Bad wurde.

Das Hürbener Wasserschloss im hübschen Städtchen Krumbach ist eines der ältesten Gebäude in Bayern.

KLOSTER ROGGENBURG /// KLOSTERSTRASSE 5 ///
89297 ROGGENBURG /// 0 73 00 / 9 60 00 ///
WWW.KLOSTER-ROGGENBURG.DE ///

KLÖSTERLICHES LABYRINTH

Kloster Roggenburg

46

Die Kirchtürme von Kloster Roggenburg sind weithin sichtbar. Die 1126 gegründete Abtei wurde nach der Phase der Säkularisation ab 1802 erst 1982 wieder vom Prämonstratenserorden in Besitz genommen. Die Brüder sanierten nicht nur für 19 Millionen Euro den Gebäudekomplex aufwendig, sondern legten auch die Gärten wieder so an, wie sie im Barock wohl ausgesehen haben: symmetrisch und mit einem Springbrunnen als Mittelpunkt.

Die glanzvoll restaurierte Anlage mit Bildungszentrum, Museum, Klostergasthof und -laden samt Vinothek ist ein kultureller Hotspot in der ländlichen Idylle. Im 250 Jahre alten Westflügel hat die Grundschule von Roggenburg ihre Heimat gefunden. Die Prämonstratensermönche haben keine Berührungsängste, sie stehen mit beiden Beinen in dieser Welt und kümmern sich gerne um Gäste, die das Kloster und seine Geschichte näher kennenlernen wollen. Die schöne Kirche ist einer der bedeutendsten Rokokobauten in Bayerisch-Schwaben, die Orgel gilt als »elegantester Orgelprospekt Süddeutschlands«. Im eigenen Museum kann man sich über die Entwicklung des Klosters informieren und Kirchenschätze aus vergangener Zeit bewundern.

Noch relativ neu ist das natürliche Labyrinth neben dem Klostergarten, wo 300 Efeusorten gepflanzt wurden. Kleine Besucher können sich darin tatsächlich verirren, größere lassen sich von den unterschiedlichen Efeuarten, die so schöne Namen tragen wie »Ritterkreuz« oder »Goldstern«, faszinieren. Ob dunkel- oder hellgrün, silbern schimmernd oder weißrandig, der Efeu steht für »Treue und immergrünes Leben«. Wer sich davon etwas mit nach Hause nehmen will, kann im Klosterladen den »Roggenburger Kloster-Efeu« kaufen – ein immergrünes Souvenir.

Lohnend ist eine Wanderung zum Klosterweiher mit Bootsverleih.

STAUDENGÄRTNEREI GAISSMAYER /// JUNGVIEHWEIDE 3 ///
89257 ILLERTISSEN /// 0 73 03 / 72 58 /// WWW.GAISSMAYER.DE ///

MUSEUM FÜR GARTENKULTUR /// JUNGVIEHWEIDE 1 ///
89257 ILLERTISSEN /// 0 73 03 / 9 52 47 47 ///
WWW.MUSEUM-DER-GARTENKULTUR.DE ///

DAS GEHEIME LEBEN DER STRÄUCHER

Staudengärtnerei Gaißmayer in Illertissen

47

Der fette Illertisser Boden macht es möglich, dass die Staudengärtnerei Gaißmayer zu einem Mekka für Gartenfreunde wurde. Im Betrieb im Landkreis Neu-Ulm können sie durch die Pflanzenwelt stöbern und ungewöhnliche Installationen bewundern, die zur Nachahmung anregen.

Vor den Gewächshäusern der ehemaligen Krankenhausgärtnerei, die Dieter Gaißmayer mit seinen Partnern 1980 zunächst gepachtet und dann gekauft hat, wuchern Dachwurz und Mauerpfeffer in rostigen Töpfen und Pfannen. In ausrangierten Schubkarren wachsen Gräser, eine Kette von Tassen baumelt über den Beeten, und in einem einstigen Küchenofen haben Kräuter Quartier gefunden. Dazwischen dienen Stelen aus Rost oder Holz als Blickfang getreu dem Motto des Chefs: »Wir schaffen Gartenkultur«.

Gaißmayer ist stolz auf sein riesiges Pflanzensortiment, darauf, dass in der als Bioland-Betrieb anerkannten Staudengärtnerei Sämlinge selbst großgezogen werden – soweit möglich im Einklang mit der Natur. Wobei dem passionierten Gärtner alte Sorten besonders am Herzen liegen. Deshalb pflegt er auch eine eigene Sammlung historischer Mutterpflanzen. Einige, wie die Alraune, haben schon in der Antike eine wichtige Rolle gespielt. Harry Potter hat das Nachtschattengewächs, die Zauberpflanze des Mittelalters, wieder populär gemacht.

Unter gut 3.000 Staudensorten können die Besucher wählen. Manche davon eignen sich zum Verwildern, andere werden so gigantisch, dass man überlegen muss, ob der eigene Garten groß genug ist. Wie gut, dass Demonstrationsbeete zeigen, was aus so manchem Winzling werden kann – und aus bislang verkannten Kräutern, die in der Staudengärtnerei ebenfalls gezogen werden. Seit 2013 lädt neben der Gärtnerei das Museum für Gartenkultur mit wechselnden Ausstellungen zum Thema Pflanzen zu einem Besuch ein – und im Außenbereich locken die verschiedensten Beispielgärten.

Der Illertisser Bienenweg führt an der Staudengärtnerei vorbei. Am gläsernen Bienenstock kann man den fleißigen Insekten beim Wabenbau zuschauen.

HISTORISCHES STADTTHEATER /// WETTBACH 23 ///
89264 WEISSENHORN /// 0 73 09 / 4 12 81 ///

WEITERE INFORMATIONEN ERHALTEN SIE BEI DER
STADT WEISSENHORN /// SCHLOSSPLATZ 1 /// 89264 WEISSENHORN ///
0 73 09 / 8 40 /// WWW.WEISSENHORN.DE/KULTUR.HTML ///

SCHATZKÄSTCHEN FÜR DIE MUSEN

Historisches Stadttheater in Weißenhorn

48

Von außen sieht das Gebäude eher unscheinbar aus. Kein Wunder, es war ja auch einst ein Zehntstadel, eine Art Scheune für die Naturalabgaben der Untertanen. Doch im Inneren gerät der Besucher ins Schwärmen: Was für ein zauberhaftes Theater! Wie geschaffen für intime Inszenierungen.

Das historische Stadttheater von Weißenhorn ist mit gerade mal 150 Plätzen wohl Bayerns kleinstes Schauspielhaus. Mit seiner neoklassizistischen Dekorationsmalerei an der Decke und an den Wänden, mit dem Kronleuchter und der beschaulichen Bühne erinnert es an die früheren Hoftheater. Bereits 1876 wurde das Musentempelchen auf Betreiben von Kulturbegeisterten im ehemaligen Zehntstadel eingerichtet. Seit einer gründlichen Renovierung im Jahr 1977 wird es wieder bespielt.

Dazwischen lagen lange Jahre des Verfalls. Von 1919 bis 1952 wurden die Räumlichkeiten für Filmvorführungen genutzt. Auch die Kolpingfamilie, die schon im 19. Jahrhundert und zwischen den Kriegen erbauliche Stücke aufgeführt hatte, war wieder aktiv. Doch mit der Zeit fiel der wunderschöne Saal in eine Art Dornröschenschlaf. Aus dem weckte ihn der 1972 ins Leben gerufene Verein *Weißenhorner Kammeroper e.V.* Im Vorfeld hatte sich bereits eine Bürgerinitiative gebildet, die auf die Sanierung des historischen Theaters drängte und erfolgreich Spenden dafür sammelte. Unterstützt vom Denkmalamt und der Stadt wurde die Restaurierung bewerkstelligt und ein »Stück kultureller Heimat«, so der ehemalige Weißenhorner Museumschef Wolfgang Ott, wieder zum Leben erweckt.

Auf dem Programm stehen heute professionelle Kammeropern und Konzerte ebenso wie Lesungen zum Advent und Amateurschauspiel – unter anderem von der Theaterabteilung des lokalen Fußballvereins. Da sage noch einer, Kultur und Sport seien Gegensätze!

Legendär ist die Aufführung der Schwäbischen Weihnacht im historischen Stadttheater Weißenhorn.

IKONENMUSEUM IM SCHLOSS AUTENRIED /// BRÄUHAUSSTRASSE 1 ///
89335 ICHENHAUSEN-AUTENRIED /// 0 82 23 / 8 62 ///
AUTENRIEDER BRAUEREIGASTHOF MIT WOHLFÜHLHOTEL ///
HOPFENGARTENWEG 2 /// 89335 ICHENHAUSEN-AUTENRIED ///
0 82 23 / 96 84 40 /// WWW.BRAUEREIGASTHOF-AUTENRIED.DE ///

MUSEALE ZEITREISE

Ikonenmuseum im Schloss Autenried

49

»Bitte 2× hupen«, steht auf einem Schildchen am Eingang des schönen, aber maroden Landschlosses in Autenried. Eine Klingel gibt es nicht. Wir wollen das Ikonenmuseum besuchen und platzen ins Mittagessen. Doch Pater Jakobus Puckett nimmt sich Zeit, uns in das obere Stockwerk zu führen, und schaltet das Licht an. »Passen Sie auf, manche der Fliesen sind kaputt«, mahnt er noch, ehe er uns allein lässt mit den Schätzen des Slawischen Instituts München, die 1959 in dem Herrschaftsgebäude eine Heimat gefunden haben.

Nichts deutet in diesem düsteren Stockwerk mit den klappernden Bodenkacheln und dem verstaubten Büchertisch darauf hin, dass an diesem Ort kostbare Ikonen und Kultgegenstände ausgestellt sind oder gar eine Spezialbibliothek des Slawischen Instituts mit Fachrichtung Kunstgeschichte, Theologie und Volkskunde des christlichen Ostens untergebracht ist. Blickfang im großen Raum ist der Nachbau einer Ikonostase, der Wand, die in orthodoxen Kirchen den Altarraum abschottet. Das ist schon das Höchste an Inszenierung, was sich das Museum erlaubt. Sonst muss der Besucher genau hinschauen auf die kleinen Zettel, die erläutern, woher die Exponate stammen und was auf den Darstellungen zu sehen ist. Man mag es kaum glauben, dass die Vitrinen so kostbare Stücke wie ein Karfreitagstuch aus dem 14. Jahrhundert beherbergen und Ikonen aus dem frühen Mittelalter oder solche mit Gold- und Silberdekor ungeschützt an der Wand hängen.

Als wir die einzigartige Ausstellung verlassen, zeigt uns Pater Puckett, der einst als GI nach Deutschland kam, noch die Kirche auf dem Gelände. Im kleinen Gotteshaus betet er jeden Tag die Liturgie, und an Sonn- und Feiertagen kommt hier die weit verstreute orthodoxe Gemeinde zusammen. Fast mystisch wirkt der Raum mit den vielen Kerzen. Ganz im Gegensatz zu den zwei bescheidenen Zimmern, die der Pater neben der Kirche bewohnt.

Schwäbische Schmankerln und selbst gebrautes Bier bietet gleich nebenan der Autenrieder Brauereigasthof.

SCHULMUSEUM ICHENHAUSEN /// UNTERES SCHLOSS ///
SCHLOSSPLATZ 3–5 /// 89335 ICHENHAUSEN /// 0 82 23 / 61 89 ///
WWW.BAYERISCHES-NATIONALMUSEUM.DE ///

WEITERE INFORMATIONEN ERTEILT DIE VERWALTUNGSGEMEINSCHAFT
ICHENHAUSEN /// HEINRICH-SINZ-STRASSE 14 ///
89335 ICHENHAUSEN /// 0 82 23 / 4 00 50 /// WWW.ICHENHAUSEN.DE ///

BÄNKE MIT DOPPELTEM BODEN

Schulmuseum Ichenhausen

50

Der Lehrmeister sieht streng aus, als würde er gerne mal zur Rute greifen, um aufmüpfigen Schülern den Hintern zu versohlen. Die Schulbänke sind hart und unbequem. Für Mädchen hängen weiße Schürzen an der Garderobe. So hat ein Klassenzimmer um 1920 ausgesehen, damals, als der Lehrer noch eine Respektsperson war und nur unverheiratete Fräulein den Beruf ausüben durften.

Im Schulmuseum von Ichenhausen gehört das alte Klassenzimmer zu den beliebtesten Sehenswürdigkeiten. Reifere Besucher zwängen sich gern in die hölzernen Bänke mit ihrem doppelten Boden, der vor der Winterkälte schützen sollte, und erinnern sich an ihre eigene Schulzeit vor langer Zeit. Wie anders sieht es doch heute in Unterrichtsräumen aus, bunt und ein bisschen chaotisch. Schule soll schließlich Spaß machen.

Das Museum, eine Außenstelle des Bayerischen Nationalmuseums im imposanten Schloss von Ichenhausen, will nicht nur Nostalgie befriedigen, sondern vor allem zeigen, wie wichtig Erkenntnis für den Fortschritt der Menschheit und Bildung für den Lebensstandard bis heute sind. Die Dauerausstellung erzählt vom Lehren und Lernen in unterschiedlichen Zeiten und Kulturen – von der Steinzeit über das alte Ägypten und Rom sowie das Mittelalter und seine Klöster bis zum Dritten Reich und den – gleichgeschalteten – Schulen der Nationalsozialisten. Sie zeugt davon, dass Wissen lange ein Privileg war und erst der Buchdruck es möglich machte, Bildung der Mehrheit zugänglich zu machen. Besucher erfahren, was es mit einer »Winkelschule« auf sich hatte (da waren Laienlehrer am Werk), was sich hinter dem Begriff »Erquickungsfächer« verbirgt (Musik, Kunst, Sport) und dass in Bayern seit 1802 Schulpflicht herrscht. Mitmachstationen lassen den Ausflug in die Geschichte des Wissens auch für Kinder spannend gestalten.

In der ehemaligen Synagoge, dem heutigen *Haus der Begegnung* in der Vorderen Ostergasse 22, zeichnet die Ausstellung *Juden auf dem Lande – Beispiel Ichenhausen* die Geschichte der ehemals größten jüdischen Landgemeinde Bayerns nach.

KLOSTER WETTENHAUSEN /// DOSSENBERGER STRASSE 46 ///
89358 WETTENHAUSEN /// 0 82 23 / 4 00 40 ///
WWW.KLOSTERWETTENHAUSEN.DE ///

SCHLOSS NEUBURG /// SCHLOSSWEG 1 ///
86476 NEUBURG AN DER KAMMEL ///
0 82 83 / 92 84 55 /// WWW.SCHLOSS-NEUBURG.DE ///

HULDIGUNG AN HABSBURG

Kloster Wettenhausen

51

»Austria amore regit subditos« – »Austria regiert seine Untertanen mit Liebe, wenn sie untertänig sind.« Man merkt gleich, dass hier mitten im Schwäbischen einstmals die österreichischen Herrscher das Sagen und die Bewohner zu kuschen hatten. Damals, als der Spruch noch galt, dass alles Erdreich Österreich untergeben ist, entstand das Deckengemälde im Kaisersaal des Klosters Wettenhausen. Der prunkvolle Raum erstreckt sich über zwei Stockwerke und wurde 1695 zur Verherrlichung der »Casa Austria«, des spanisch-habsburgischen Kaiserhauses, üppig ausgestaltet.

Die zehn kleineren Ovale, welche die Tugenden des Kaiserhauses preisen, ordnen sich um das zentrale Bild, auf dem Austria auf einem Wolkenthron schwebt und die Huldigungen der Erdteile entgegennimmt. Die Stuckdecke mit dem leuchtend blauen Hintergrund ist der ganze Stolz des traditionsreichen Klosters, das heute um seine Zukunft bangt. 1865 haben Dominikanerinnen die 1130 erstmals erwähnte Anlage im Landkreis Günzburg wieder besiedelt, die bis zur Säkularisierung 1802 Reichsabtei der Augustiner Chorherren war. Rund 100 Schwestern bildeten damals eine lebendige Gemeinschaft, die nicht nur ein Mädchengymnasium auf dem Land betrieb, sondern auch eine Brauerei, Bäckerei und ein Sägewerk.

Inzwischen leben noch elf Schwestern hinter den Klostermauern, die älteste ist 90 Jahre alt, die jüngste 30. Die barocke Stiftskirche fungiert heute als Pfarrkirche. Im musischen Gymnasium werden auch Jungen unterrichtet. Der Kaisersaal diente zwischenzeitlich als Getreidelager und ist heute als Veranstaltungs- und Konzertsaal beliebt. Doch wer nur diesen durch allerlei Missbrauch beschädigten Raum mit seiner prächtigen Decke im Auge hat, übersieht leicht, dass die gesamte Anlage Spiritualität atmet. Ein Ort der Einkehr weitab des Alltagsstresses.

Das nahe Schloss Neuburg an der Kammel veranstaltet regelmäßig romantische Candle-Light-Dinner.

LEGOLAND DEUTSCHLAND FREIZEITPARK /// LEGOLAND ALLEE ///
89312 GÜNZBURG /// 01 80 / 6 70 07 57 01 /// WWW.LEGOLAND.DE ///

TOURISTINFORMATION GÜNZBURG – LEIPHEIM /// SCHLOSSPLATZ 1 ///
89312 GÜNZBURG /// 0 82 21 / 20 04 44 /// WWW.LEIPHEIM.DE ///

IM KLÖTZCHENPARADIES

Legoland Deutschland in Günzburg

52

Immer wenn ich früher mit meinen Eltern Onkel und Tante besucht habe, habe ich mit meinem Cousin eine Legowelt errichtet. Wir haben darin gewetteifert, wer die höchsten Türme und die buntesten Häuser baut. Damals gab es noch keine eigenen Bausätze für Burgen oder Star-Wars-Ausgaben, und wir konnten unserer Fantasie freien Lauf lassen. Mit den eigenen Kindern besuchte ich später das dänische Billund, die Mutter aller Legofreizeitparks, das vor vielen Jahren noch nicht so aufwendige Abenteuer bot wie heute. Und am Anfang des neuen Jahrtausends kam Legoland schließlich zu uns nach Günzburg. Natürlich mit dem beliebten *Miniland*, in dem die aus kleinen Steinen nachgebaute Allianz-Arena mit Schloss Neuschwanstein um die Aufmerksamkeit der Besucher buhlt.

Trotz aller typischen Freizeitparkangebote wie Achter-, Wildwasser- oder Geisterbahn und »4-D-Erlebnissen« bleibt das *Miniland* aus dem Legobaukasten das Herz des Klötzchenparadieses. Selbst in der hypermodernen *Ninjago-World* mit interaktivem Fahrspaß, für die 500.000 Steine verbaut wurden, dürfen kleine und große Baumeister Hand anlegen. Typisch Legoland eben, obwohl längst andere als die Gründer das Sagen haben – *Merlin Entertainments*, ein britischer Betreiber von Freizeiteinrichtungen, der 2005 die vier Parks von Lego gekauft hat.

2016 wurde Jubiläum gefeiert. In den 15 Jahren zuvor ist das Klötzchenparadies vor den Toren Günzburgs immer weiter gewachsen, hat mit »Königsburg« ein eigenes Feriendorf bekommen und der ehemaligen Habsburger Residenzstadt nicht nur einen Tourismusboom beschert, sondern zudem einen über die Grenzen Bayerns hinausreichenden Bekanntheitsgrad.

☞ Ein Abstecher in Günzburgs historischen Stadtkern ist eine schöne Abwechslung zur künstlichen Welt von Legoland.

BESENMUSEUM GÜNZBURG /// AM HANG 11 ///
89312 GÜNZBURG-DENZINGEN /// 0 82 21 / 93 06 30 ///
WWW.BESENWELTEN.DE ///

FLOTTE FEGER

Besenmuseum Günzburg

53

Der Unterschied zum nahen Legoland könnte nicht größer sein. Das ziemlich einzigartige Besenmuseum ist in einem Keller angesiedelt, und wer hierherkommt, wird von der Gründerin Christl Hirner persönlich empfangen.

Die alte Dame sammelt seit gut 30 Jahren Besen. »Ich habe das Sammler-Gen abgekriegt«, erklärt sie ihre Leidenschaft. Den ersten – einen Feger aus Perlhuhnfedern – hat sie im italienischen Adriastädtchen Cattolica vor einem Haushaltswarengeschäft entdeckt. »Er hat mich gleich angesprungen«, erinnert sich die Günzburgerin an den Moment. Der zweite war ein Exemplar aus Stroh aus der Toskana, und inzwischen lehnen, hängen oder liegen 450 Besen aus 80 Ländern dieser Welt in den Kellerräumen. Einfache aus Stroh und solche aus den Fasern der Kokosnuss neben aufwendig geknüpften aus Yakschwänzen. Natürlich lässt in der Ausstellung auch Harry Potter grüßen mit einem flotten Nimbus samt Display und Bibi Blocksberg mit einem musikalischen Besen. Für moderne Hexen gibt es sogar einen Zweisitzer.

Kindern erzählt Christl Hirner gerne Märchen von fliegenden Hexen, von Zauberbesen und noblen Wedeln, die Potentaten als Statussymbol nutzten. Das wertvollste Stück des Museums ist wohl ein solcher mit Silbergriff aus Indien. Das liebste Exponat der Gründerin aber stammt aus den Räumen des Dalai Lama, wo es, »wie es Besen so tun, in der Ecke stand«. Auch das von Yanomami-Schamanen in Venezuela handgefertigte Kehrgerät ist der Vielreisenden ans Herz gewachsen. Rekordverdächtig ist der kleinste Besen, ein Streichholz mit den Federn eines Kanarienvogels. Die meisten Feger stammen aus China. Kein Wunder. »Wo wir auch hinkamen, stand einer vor der Tür«, erzählt die zierliche blonde Frau, die für ihre Besucher schon mal den Hexenhut aufsetzt. Den Satz »Ich möchte einen handgemachten Besen kaufen« kann sie übrigens inzwischen in gut einem Dutzend Sprachen.

Im Besenmuseum darf man auch funktionierendes Blechspielzeug zum Laufen bringen.

EUGEN CHRISTOPH GRÜNDETE DAS FRISEURMUSEUM ///
GÜNZBURGER STRASSE 21 /// 89340 LEIPHEIM ///
0 82 21 / 78 53 /// WWW.FRISEUR-MUSEUM.DE ///

ZEHNTSTADEL /// SCHLOSSHOF 2 /// 89340 LEIPHEIM ///
0 82 21 / 36 98 51 /// WWW.ZEHNTSTADEL-LEIPHEIM.DE ///

DER FIGARO VON DER DONAU

Friseurmuseum in Leipheim

54

»Christoph der Friseur«, steht auf dem großen Schild an der Günzburger Straße 21, und gleich daneben hängt der Hinweis »Friseurmuseum«. Eugen Christoph ist nämlich nicht nur Friseurmeister, sondern vor allem Sammler. Im Laufe von über 50 Jahren hat er einen wahren Schatz an Utensilien rund um seinen Beruf zusammengetragen: Waschtische und Stühle aus den 1920er-Jahren, aus Haaren gefertigter Schmuck, Ondulierereisen und Brennscheren, Rasierschalen und Steckkämme, Trockenapparate und Röhrenhauben, Zahnzangen und Schröpfgläser der früheren Bader und Barbiere, die Vorgänger der heutigen Haarstylisten waren.

Begeistern kann sich der Leipheimer immer noch für so witzige Dinge wie Flohfallen, die einst in Reifröcken verstaut waren, oder über Kuriositäten wie Bilder, die zum Andenken aus Haaren Verstorbener gefertigt wurden. »Sammler haben halt einen Dachschaden«, sagt der knapp 80-Jährige lächelnd. Er zeigt gerne interessierten Besuchern seine Schätze. In der Vergangenheit habe er manchmal sein ganzes Urlaubsgeld ausgegeben, um ein Stück zu ergattern. Die Frau sei nicht ganz so begeistert gewesen. Trotzdem stünde schon bald diamantene Hochzeit bevor.

Kennengelernt hat Christoph seine Frau, als er noch Lehrbub in Volkach war. Die Liebe der beiden trug bald Früchte: Mit 19 wurde der Friseurgeselle Vater – und arbeitete auf den Meistertitel hin. In Leipheim landete das Paar – die Frau hatte inzwischen auch ihren Friseur-Meister gemacht – eher aus Zufall. Denn Christoph suchte nicht nur ein Haus mit einer Ladenfläche, sondern auch einen Garten. Gefunden hat er beides in der Günzburger Straße, wo er 1999 ebenfalls sein besonderes Museum offiziell eröffnete. Wie es weitergehen soll, darüber macht er sich keine Gedanken. Aber schön fände er es schon, wenn die Ausstellung nach seinem Tod erhalten bliebe.

☞ Im schön restaurierten Leipheimer Zehntstadel finden inzwischen schon legendäre Konzerte statt, im dazugehörigen Restaurant kommt gehobene Küche auf den Tisch.

KINDERMUSEUM IM EDWIN-SCHARFF-MUSEUM ///
PETRUSPLATZ 4 /// 89231 NEU-ULM ///
07 31 / 70 50 25 55 /// WWW.EDWINSCHARFFMUSEUM.DE ///

»FINGER WEG« GIBT ES NICHT

Kindermuseum im Edwin-Scharff-Museum in Neu-Ulm 55

In dieser Ausstellung möchte man glatt noch einmal klein sein und die Welt mit kindlicher Neugierde erkunden. Das Edwin-Scharff-Museum in Neu-Ulm beheimatet ein eigenes Kindermuseum, in dem Groß und Klein spielerisch den Dingen auf den Grund kommen können. Und das ganz ohne Verbote. »Finger weg« gibt es hier nicht – und deshalb auch keine Berührungsängste. Alles darf angefasst und ausprobiert werden.

Jährliche Sonderexpositionen laden mit Erlebnis- und Mitmachstationen zum Experimentieren ein. Das freut nicht nur die Kinder, auch Papas und Mamas fühlen sich hin und wieder angesprochen. Die Ausstellungen zu den unterschiedlichsten Wissensgebieten reichen von gesellschaftsrelevanten über kulturgeschichtliche bis zu naturwissenschaftlichen Themen. So konnten die Kinder beispielsweise die Mobilität ergründen, erkunden, was sich im menschlichen Körper tut, oder sich in die Lebenswelten von Menschen in Hotels einfühlen. Sogar an so schwierige Themen wie Tod und Vergänglichkeit hat sich das Kindermuseum schon herangetraut. Auch in dieser Beziehung existieren keine Berührungsängste.

Wichtig sind den Verantwortlichen das gemeinsame Tüfteln und der Spaß, der beim Lernen nicht zu kurz kommen soll. Dafür sorgen witzige Details bei den Installationen und lauschige Spielecken. Zwar sind die interaktiven Ausstellungen vor allem eine aktive Ergänzung zum schulischen Lernen, aber das 2004 gegründete Museum versteht sich darüber hinaus als Ort für die gesamte Familie. Es gibt einen eigenen Kleinkindbereich, einen Wickeltisch und natürlich einen barrierefreien Zugang. Und wenn Geschrei und Lachen aus dem oberen Stockwerk dringt, dann wissen auch die Gäste der anderen Ausstellungen im Edwin-Scharff-Museum, dass das Kindermuseum wieder gut besucht ist.

☞ Für kunstinteressierte Erwachsene ist die Edwin-Scharff-Ausstellung im selben Haus interessant.

DER NATURERLEBNISPFAD IM DONAUMOOS IST
ETWA 5,5 KILOMETER LANG. START UND ENDE IST AM
SCHWARZFELDER HOF /// SCHWARZFELDER WEG 3 /// 89340 LEIPHEIM ///
0 82 21 / 7 26 28 /// WWW.SCHWARZFELDER-HOF.DE ///

STRAUSSENFARM DONAUMOOS /// HERDWEG 2 /// 89340 LEIPHEIM ///
0 82 21 / 27 32 09 /// WWW.STRAUSSENFARM-DONAUMOOS.DE ///

VON DER STRAUSSENFARM INS MOOR

Naturerlebnispfad im Donaumoos

56

Es ist eine Landschaft, die an die unendlichen Weiten Russlands oder der Ukraine erinnert. Auf dem Naturerlebnispfad im Donaumoos, einst Bayerns größtes Niedermoor, fühlen wir uns weit weg von der Zivilisation. Dabei sind wir gerade einmal eine Viertelstunde entfernt vom Campingplatz am Schwarzfelder Hof und fünf Minuten von der Straußenfarm.

Ja, auch das gibt es im Donaumoos: Hunderte der bis zu 135 Kilogramm schweren Riesenvögel stehen, liegen, rennen in den großzügigen Gehegen im nahen Hardweg. Am Zaun warnt ein Schild die Besucher davor, zu dicht an die neugierigen Laufvögel heranzutreten: »Vorsicht, dieser Fuß kann tödlich sein!« Näher kommen kann man den Tieren, die angeblich gerne den Kopf in den Sand stecken, allerdings bei einer Führung.

Wir bleiben aber zunächst auf dem Naturpfad und freuen uns über das Kälbchen der schottischen Hochlandrinder, das mit seinem Zottelfell so kuschelig aussieht wie ein Teddybär. Der schön inszenierte Weg führt durch blühende Wiesen, über denen Schmetterlinge taumeln, vorbei an Birkenwäldchen bis zum Bohlenweg, der einen sumpfigen Boden und einen Tümpel überquert. So kommen wir nicht nur trockenen Fußes übers Moor, sondern können zudem von oben in die Sumpfwelt schauen, wo Libellen im Schilf schaukeln und Wasserkäfer durchs Wollgras huschen. Vorbei an alten Birken, die nicht alle Wind und Wetter standgehalten haben und von denen einige aussehen wie gespenstische Skulpturen, wandern wir durch eine scheinbare Wildnis. So ähnlich hat es wohl schon in frühen Zeiten ausgesehen, als die Menschen noch jagend und sammelnd umhergezogen sind. Wir sind ganz allein auf weiter Flur, nur die Informationstafeln erinnern daran, dass an diesem Ort sehr wohl Menschen in die Natur eingegriffen haben.

Wer die Straußenfarm besichtigen will, kann sich gegen geringes Entgelt einer Führung anschließen.

KULTURGEWÄCHSHAUS BIRKENRIED /// BIRKENRIED 5 ///
89423 GUNDELFINGEN /// 0 82 21 / 2 42 08 /// WWW.BIRKENRIED.DE ///

KUNST IM ALTEN STADEL

Kulturgewächshaus Birkenried bei Gundelfingen

57

Die Galerie ist in der ehemaligen Maschinenhalle untergebracht, die Musik spielt im alten Stadel: In Birkenried gedeiht Kultur tatsächlich da, wo früher einmal Tomaten und Radieschen wuchsen. Schöpfer des Ganzen ist Bernhard Eber, der das brachliegende Gärtnereigelände seines Vaters schon in den 1990er-Jahren aufgehübscht hat.

An seinem früheren Wohnort Berlin war Eber Marketingleiter mit einem ordentlichen Einkommen. In Birkenried hat er vor allem investiert. »Mit Kunst und Kultur kannst du nichts verdienen«, sagt er und wirkt dennoch ganz zufrieden. Denn der umtriebige Schwabe ist ein Kulturfreak, hat in der Hauptstadt schon als Bildhauer gearbeitet und in Birkenried Partys mit Bands organisiert – in einem damals halb verfallenen Stadel, aus dem mittlerweile eine Art Konzertsaal geworden ist. »Die Idee war, Ausstellungen zu machen und den Standort über Konzerte bekannt zu machen«, erzählt Eber. »Das war schon irgendwie sexy«, aber eben auch teuer.

2002 gründete der Heimkehrer den *Verein Kulturgewächshaus Birkenried*. Und als er Franz Ludwig Keck aus Offingen, der zehn Jahre in Simbabwe gelebt hatte, kennenlernte, kam Afrika nach Birkenried. Keck wurde Mieter, baute einen Skulpturenpark auf und bringt alljährlich Künstler aus Simbabwe ins *Kulturgewächshaus*. 2014 entstand auf dem Gelände eine afrikanische Lehmhütte, in der schon einige Brautpaare ihre Hochzeitsnacht verbrachten. Sogar die Tierwelt Afrikas ist auf dem Gelände vertreten: ein Elefant, Antilopen, ein Nashorn – alle aus Metall, von Hand gefertigt.

Den Weg ins *Kulturgewächshaus* weist die kunterbunte Giraffe Monika mit ihren drei Hälsen – auch sie die Schöpfung einer Künstlerin. Bernhard Eber allerdings hat kaum noch Zeit für kreative Aktivitäten. »Ich betrachte Birkenried als Gesamtkunstwerk«, sagt der Macher. Wer wollte da widersprechen?

Jeden Sonntag um 14 Uhr spielt im *Kulturgewächshaus* die Musik.

APOLLO-GRANNUS-TEMPEL /// TEMPELWEG ///
89415 LAUINGEN-FAIMINGEN ///

WEITERE INFORMATIONEN ERHALTEN SIE BEI DER STADT LAUINGEN ///
HERZOG-GEORG-STRASSE 17 /// 89415 LAUINGEN ///
0 90 72 / 99 81 32 /// WWW.LAUINGEN.DE ///

NUR EIN PAAR SÄULEN?

58

Apollo-Grannus-Tempel in Faimingen

Viel scheint nicht übrig zu sein vom Apollo-Grannus-Tempel in Faimingen. Doch der erste Eindruck trügt: Das römische Heiligtum, das im 19. Jahrhundert ausgegraben wurde und inzwischen von Wohnhäusern umzingelt ist, ist der größte römische Tempelbau nördlich der Alpen.

1.000 Quadratmeter groß war das Areal, den eigentlichen Tempel umgab eine an drei Seiten umlaufende Säulenhalle mit bemalten Wänden. Von den Säulen sind nur Sockelquader und einige Bruchstücke erhalten. Mehr nicht. Sie machten aber eine teilweise Rekonstruktion möglich, sodass Besucher sich mit einiger Fantasie vorstellen können, wie das Heiligtum ausgesehen haben mag, das zu seiner Glanzzeit ein weithin bekannter und bedeutender Pilgerort war. Auch Kaiser Caracalla soll hier im Jahr 212 während des Feldzuges gegen die Alemannen zum Gott Apollo-Grannus gebetet haben. Im Namen des Tempels (und des Gottes) verschmelzen zwei Götter: Apollo, der antike Gott des Lichts und der Heilkunst, und der keltische Gott Grannus, der vor allem in Heilbädern verehrt wurde. Womöglich wollten die Römer mit dem Doppelnamen ein versöhnendes Element zwischen der einheimischen Bevölkerung und dem Imperium schaffen.

Nicht von ungefähr wurde der Tempel in Faimingen errichtet, dem römischen »Phoebiana«, das in der römischen Zeit einen wichtigen Verkehrsknotenpunkt bildete. Aus einem Brückenkopf an der Donau war zunächst ein Kastell entstanden, das zur Siedlung ausgebaut wurde und bis in die Mitte des 3. Jahrhunderts florierte. Die große Geschichte ist längst Vergangenheit. Heute ist Faimingen ein Ortsteil von Lauingen – und nur der hinter Wohnhäusern versteckte Apollo-Grannus-Tempel erinnert daran, wie bedeutend das Örtchen einst war.

Im Sommer lädt der nahe Auwaldsee zum Schwimmen und Planschen ein, das ganze Jahr kann man ihn wandernd umrunden.

SCHIMMELTURM /// HERZOG-GEORG-STRASSE /// 89415 LAUINGEN ///

WEITERE INFORMATIONEN ERTEILT DIE STADT LAUINGEN ///
HERZOG-GEORG-STRASSE 17 /// 89415 LAUINGEN ///
0 90 72 / 99 81 32 /// WWW.LAUINGEN.DE ///

LEGENDÄRER ROSSSPRUNG

Schimmelturm in Lauingen

59

Nein, in diesem Turm, der tatsächlich turmhoch über den Straßen und Gassen des reizvollen Städtchens Lauingen aufragt, ist niemand verschimmelt. Der Schimmelturm kam über eine Sage zu seinem Namen: Der zufolge war bei Lauingen ein ungewöhnliches Fohlen geboren worden, das zu einem riesengroßen Ross heranwuchs. Pflegen ließ es sich nur von einem verkrüppelten Knecht, der es auch reiten durfte. Das kam dem kranken Lauinger Bürgermeister zugute. Ross und Reiter überwanden mit einem gewaltigen Sprung einen Heuwagen, der das Stadttor versperrte, und die Stadtmauer gleich mit, und konnten auf diese Weise den heilkundigen Pater Severin in Donauwörth um Hilfe ersuchen. Natürlich rettete der Pater dem Bürgermeister das Leben – dank des Wundertiers. Seither ziert das Porträt des Schimmels den Turm und seither trägt der Turm seinen Namen.

Beim Aufstieg können Besucher nicht nur die Sage nachlesen, sondern auch so manches über die Geschichte Lauingens erfahren. Etwa dass Kaiser Friedrich Barbarossa womöglich die Stadtmauer bauen ließ und das Stadtwappen auf die Abbildung eben jenes Barbarossa zurückgehen könnte. Denn das älteste Siegel aus dem Jahr 1720 zeigt einen Männerkopf mit langem Haar, Bart und Krone, woraus sich im Laufe der Zeit der heutige Mohrenkopf entwickelt haben könnte.

Wie auch immer, wer Luft genug hat, die steinernen und hölzernen Treppen des Schimmelturms bis ganz nach oben zu erklimmen, wird mit einem Rundblick auf die Dächer der Stadt und weit über die Felder der Umgebung belohnt. Ganz klein wirkt von oben das Denkmal des Kirchenlehrers und Heiligen Albertus Magnus, der in Lauingen geboren wurde und in Köln starb. Die Stadt am Rhein wurde dem großen Philosophen zur zweiten Heimat, doch Lauingen darf sich mit dem Beinamen »Albertus-Magnus-Stadt« schmücken.

☞ Auf dem Albertus-Magnus-Weg erzählen elf Stationen aus dem Leben des in Lauingen geborenen Gelehrten.

AKADEMIE FÜR LEHRERFORTBILDUNG ///
KARDINAL-VON-WALDBURG-STRASSE 6–7 ///
89407 DILLINGEN /// 0 90 71 / 5 30 /// WWW.ALP.DILLINGEN.DE ///

STUDIENKIRCHE MARIÄ HIMMELFAHRT ///
KARDINAL-VON-WALDBURG-STRASSE ///
89407 DILLINGEN /// 0 90 71 / 40 50 ///

DIE HOHE SCHULE DES KLERUS

Akademie für Lehrerfortbildung in Dillingen

60

Auch Sebastian Kneipp, der später als Wasserdoktor weltberühmt werden und Bad Wörishofen zum Kurort machen sollte, hat in diesen Gemäuern studiert: Die Lehrerakademie, früher die Universität des Jesuitenkollegs, beherrscht mit ihren repräsentativen Bauten das Stadtbild von Dillingen. 1549 schon hatte Kardinal Otto Truchseß von Waldburg an diesem Ort eine Hohe Schule für den katholischen Klerus gegründet, die vom damaligen Papst zur Universität erhoben und den Jesuiten übertragen wurde. Dillingen wurde so zum Zentrum der Gegenreformation.

Gut 100 Jahre später entstand der neue Bau mit einem Kongregationssaal, der zwischen 1761 und 1764 im Stil des Spätrokoko ausgeschmückt und unter anderem als Aula für die Universität genutzt wurde. Heute ist in den Räumen die Akademie für Lehrerfortbildung untergebracht. Wer den Goldenen Saal besichtigen will, wird schon im Treppenhaus mit der Jungfrau Maria konfrontiert, deren Geschichte in Stuckmedaillons abgebildet ist und am Eingang zum Goldenen Saal mit einer Herz-Jesu-Darstellung endet.

Der Raum selbst wird von dem riesigen Deckenfresko von Johann Anwander beherrscht. Schaut man genauer hin, erkennt man Maria, die als personifizierte Weisheit über den Patronen der Universität thront. Hier wird das »akademische Dillingen« gefeiert, das sich der Reformation entgegenstemmt. In den vier Ecken sind die vier klassischen Fakultäten der damaligen Hochschule symbolisch dargestellt, die theologische, die juristische, die philosophische und die medizinische. Zugleich aber ist das Fresko ein Porträt der historischen Stadt mit dem Schloss, das den Fürstbischöfen aus dem lutherisch gewordenen Augsburg viele Jahre als Refugium diente. Heute ist das Schloss Sitz des Finanzamtes.

☞ Sehenswert ist auch die Studienkirche Mariä Himmelfahrt mit der Jesuitengruft.

SCHLOSS HÖCHSTÄDT /// HERZOGIN-ANNA-STRASSE 52 ///
89420 HÖCHSTÄDT /// 0 90 74 / 9 58 57 00 ///
WWW.SCHLOSS-HOECHSTAEDT.DE ///

GEMEINDE BLINDHEIM /// WEIHERBRUNNENSTRASSE 9 ///
89434 BLINDHEIM /// 0 90 74 / 20 28 /// WWW.BLINDHEIM.DE ///

AM ANFANG WAR DIE SCHLACHT

Schloss Höchstädt

61

Das Städtchen ist so klein, dass das Schloss riesig wirkt. Gerade mal 6.638 Einwohner leben heute in Höchstädt. Doch 1704 wurde an diesem Ort die entscheidende Schlacht im Spanischen Erbfolgekrieg geschlagen. Am 13. August unterlagen die verbündeten Bayern und Franzosen den britischen und kaiserlichen Truppen unter dem Herzog von Marlborough und dem Prinzen Eugen. Europa wurde neu geordnet, Großbritannien stieg zur Weltmacht auf.

Im trutzigen Schloss, das der Pfalzgraf Philipp Ludwig von Neuburg Ende des 16. Jahrhunderts im Stil der Spätrenaissance errichten ließ, erinnert eine eindrucksvolle Dauerausstellung an die »Schlacht von Höchstädt«, die als »The Battle of Blenheim« (Blindheim) in die englische Geschichte einging. Funde vom Schlachtfeld – neben Kanonenkugeln auch Schädel – machen die Dimensionen des Gemetzels deutlich, dem 25.000 Soldaten zum Opfer fielen. An Hörstationen können sich Besucher über das Schicksal der einfachen einheimischen Leute informieren, die unter dem Durchzug der feindlichen Heere zu leiden hatten. Zudem lässt sich nachlesen, welche Lehren die Geschichte aus dem Gemetzel gezogen hat, das vor mehr als 300 Jahren die Felder und Wiesen der Donaulandschaft zwischen Blindheim und Lutzingen mit Blut tränkte.

Weniger martialisch, aber genauso eindrucksvoll, da deutschlandweit einzigartig, ist die zweite Ausstellung im Schloss: das Museum deutscher Fayencen. Auf einem Rundgang können Interessierte nicht nur rund 1.000 Exponate – Krüge, Teller, Suppenschüsseln – bewundern, sondern auch erfahren, was eine Fayence von Porzellan unterscheidet. Mitmachstationen laden dazu ein, die erworbenen Kenntnisse zu testen. Schön die gedeckte Tafel, witzig die Schauküche mit Geschirr und Kochrezepten und besonders hübsch die Puppenküche mit Mini-Fayencen.

Das Örtchen Blindheim, das mit »The Battle of Blenheim« in die englische Geschichte einging, ist nur wenige Kilometer entfernt. Auch hier erinnert einiges an die Schlacht von 1704.

DER SKULPTURENWEG DONAURIED ERSTRECKT SICH ZWISCHEN WERTINGEN UND PFAFFENHOFEN AN DER ROUTE VIA DANUBIA. STARTEN SIE AM REUTENHOF /// 86637 WERTINGEN ///

ISA'S CAFÉ UND WEINBAR /// AUGSBURGER STRASSE 2 /// 86637 WERTINGEN /// 0 82 72 / 9 94 79 12 /// WWW.ISAS-CAFE.DE ///

VIEL KUNST IN DER NATUR

Skulpturenweg Donauried bei Wertingen

62

Auwälder und Feuchtwiesen, das weite Flusstal und sanfte Höhenrücken, Streuobstwiesen und Vogelschutzgebiete: Das Donauried ist eine der letzten fast unberührten Landschaften und nach der Lüneburger Heide die zweitgrößte unbebaute Fläche Deutschlands. Und die Gegend hat noch mehr zu bieten als traumschöne und oft menschenleere Natur.

Der Skulpturenweg Donauried, unter Leitung des Wertinger Künstlers Herbert Dlouhy von der Stadt Wertingen und der Gemeinde Buttenwiesen errichtet, macht das Donaufeuchtgebiet zu einer Freiluftgalerie der besonderen Art. Namhafte Bildhauer aus Deutschland, Österreich, den Niederlanden und Bulgarien haben elf Kreationen aus den verschiedensten Materialien in die Natur gestellt, haben Stein, Holz, Metall in Kunst verwandelt.

Die Skulpturen sind alles andere als einheitlich. Manches regt zum Nachdenken an wie die *Netzwerk Kugel*, die der Metallbildhauer Peter Schwenk aus Schrott gefertigt hat. Oder auch der Bildstock in einem mächtigen Robinienstamm, mit dem Hans Malzer die Einheit von Mensch und Natur thematisiert. Witziges befindet sich ebenfalls darunter wie der *Platzhirsch* von Joachim Kraus, ein Stahlstab, den ein imposantes Geweih aus Eichenholz krönt, oder das *Vogelhäuschen* des Belgiers Peter Buchholz. Während der Betrachter bei diesem Objekt ganz genau hinschauen muss, um nicht vor lauter Bäumen die Kunst zu übersehen, stechen die neun hohen Stelen mit ihren tiefblauen Spitzen gleich ins Auge. *Donaublau* nennt der Niederländer Bert Meinen die auffallende Installation, die eine Grenze markieren könnte.

Sieben Kilometer lang ist dieser Skulpturenweg, der zeigt, wie Natur und Kultur zusammenwirken können. Man kann ihn zu Fuß erleben oder mit dem Rad, denn er ist an bestehende Radwege wie die Via Danubia angebunden.

Hausgemachte Kuchen und Torten nach dem Spaziergang an der frischen Luft bietet *Isa's Café und Weinbar* in Wertingen.

KÄTHE-KRUSE-PUPPENMUSEUM /// PFLEGSTRASSE 21A /// 86609 DONAUWÖRTH /// 09 06 / 78 91 70 ///

EISDIELE GELATISSIMO /// HINDENBURGSTRASSE 24 /// 09 06 / 99 90 30 10 /// 86609 DONAUWÖRTH ///

PUPPEN MACHEN GESCHICHTE

Käthe-Kruse-Puppenmuseum in Donauwörth

63

Als Kind hatte ich auch eine Käthe-Kruse-Puppe. Hübsch mit Kleidchen. Ich fuhr sie gerne im Puppenwagen spazieren. In Donauwörth können sich erwachsene Besucher wie ich in ihre Kindheit zurückträumen – im Käthe-Kruse-Museum, wo in Glaskästen ganze Miniaturszenen nachgestellt sind. Sie stellen den Alltag zu Lebzeiten der berühmten Puppenmacherin dar: ein Waschtag, ein Picknick, eine Schulklasse, ein Stoffgeschäft – Nostalgie pur. Doch die Ausstellung beschränkt sich nicht auf Spielzeugwelten, sie beschäftigt sich auch mit dem Leben und Werk Käthe Kruses, das unter anderem im Film *Puppenwelten* in Szene gesetzt wird. Eine Hommage an eine selbstbewusste Frau, die vor mehr als 110 Jahren (nicht nur) Puppengeschichte schrieb.

Zwar hatte die erste Puppe mit ihrem Kartoffelkopf 1905 noch wenig Ähnlichkeit mit den Schönheiten der späteren Jahre, aber sie wurde von Tochter Mimerle heiß geliebt. Und schon bald bastelte Käthe Kruse nicht nur für die eigene Familie Puppen, sondern machte daraus ein Geschäft. Die lebensechten Figuren, die rasch Liebhaber fanden, waren ihren Kindern nachempfunden und trugen deren Namen. Doch wer weiß schon, dass die aus Breslau stammende »Puppenmutter«, die nach dem Zweiten Weltkrieg in Donauwörth eine neue Heimat fand, auch lebensgroße Exoten für den holländisch-westindischen Pavillon der Weltausstellung in New York 1939 gefertigt hatte? Und Schaufenstermodelle, die mondäne Mode salonfähig machten? Im Ersten Weltkrieg kamen zudem Soldatenpuppen mit beweglichen Gliedern aus dem Hause Kruse, winzig klein, aber erschreckend realistisch. All das und noch viel mehr erfährt der Besucher im Museum.

Heute noch werden in Donauwörth Käthe-Kruse-Puppen im Sinn der Firmengründerin hergestellt – meist für Sammler(innen). Die kleinen Mädchen von heute schwärmen für *Baby Born* oder *Lego-Friends*.

32 Eissorten, unter anderem Bubble-Gum, können Gäste in der Eisdiele Gelatissimo auf der Altstadtinsel in Donauwörth genießen.

Jeder ist seines Glückes Schmied
MUSEUM »HINTER GITTERN« /// ABTEISTRASSE 4 /// 86687 KAISHEIM /// 0 90 99 / 99 90 /// WWW.KAISHEIM.DE ///
KLEINKUNSTBRAUEREI UND GASTHAUS THADDÄUS /// ABTEISTRASSE 23 /// 86687 KAISHEIM /// 0 90 99 / 92 19 99 /// WWW.KLEINKUNST-KAISHEIM.DE ///

KUNST UND KNAST

Museum »Hinter Gittern« in Kaisheim

64

Auf den ersten Blick scheint Kaisheim vor allem aus dem ehemaligen Zisterzienserkloster zu bestehen, das heute als Justizvollzugsanstalt dient. Ein wuchtiges Bauwerk, mit hohen Mauern von der Außenwelt abgeschottet. Und doch hat die Öffentlichkeit die Möglichkeit, hinter die Kulissen zu schauen und sich darüber zu wundern, wie nah an diesem Ort Kunst und Knast beieinanderliegen. Denn bevor die Besucher in der Ausstellung *Hinter Gittern* Spannendes über den Strafvollzug einst und heute erfahren, können sie den grandiosen Kaisersaal besichtigen, der von der Macht und dem Reichtum der ehemals freien Reichsabtei zeugt. Die üppige barocke Ausstattung im Régencestil überrascht mit grotesken und freizügigen Darstellungen.

Kaum zu glauben, dass hinter der schweren Türe zwischen den Stucksäulen ein ganz anderes Leben stattfindet – ein Leben hinter Gittern. Wobei das heute ziemlich kommod zu sein scheint – im Vergleich zu früheren Zeiten. Fußfesseln, Handzange und ein Prügelbock, der noch im 19. Jahrhundert in Betrieb war, künden davon, dass es einst vor allem um Bestrafung ging. Ganz zu schweigen von der Todesstrafe. Eine Tafel berichtet vom meistbeschäftigten Henker aller Zeiten, der im Dritten Reich für 3.009 Hinrichtungen verantwortlich war und auch das Todesurteil an Sophie und Hans Scholl vollstreckte.

Heute brauchen die harten Jungs im Knast den Henker nicht mehr zu fürchten. Sie profitieren von Freizeitmöglichkeiten wie Gefangenenchören und Theatergruppen, von Sport und Schachkursen, und sie müssen nicht mehr nur Tüten kleben, sondern können im Hightech-Bereich oder im Garten arbeiten. Trotzdem: Das Leben hinter Gittern ist ein eingeschränktes – und so erzählt die Ausstellung ebenfalls von den Versuchen der Häftlinge, sich mehr Freiheiten zu verschaffen.

In der *Kleinkunstbrauerei Thaddäus* in Kaisheim sind die Panitz-Brüder zu Hause, besser bekannt als die »Mehlprimeln«.

BURG HARBURG /// BURGSTRASSE 1 /// 86655 HARBURG ///
0 90 80 / 9 68 60 /// WWW.BURG-HARBURG.DE ///

DAS SCHLOSS AUF DEM FELSEN

Burg Harburg

65

700 Jahre Geschichte, ein frisch renovierter Festsaal und mächtige Wehrmauern – die Harburg auf einem Felsen über dem gleichnamigen Städtchen ist eine Festung wie aus einem Rittermärchen. Kaiser und Könige wurden in der Feste empfangen. Kein Wunder, dass sie immer wieder Begehrlichkeiten weckte. So soll selbst der legendäre »King of Pop« Michael Jackson ein Auge auf die Trutzburg geworfen haben, die sich seit 1299 im Besitz der Grafen von Oettingen befindet, nachdem sie vorher den Staufern gehört hatte. Nach dem Zweiten Weltkrieg machte das seit 1731 als Oettingen-Wallerstein bekannte Adelsgeschlecht die Harburg zum Sitz seiner Kunstsammlungen.

So wie heute sah das Schloss wohl bereits im 18. Jahrhundert aus. Doch wer sich in der Anlage umschaut, entdeckt auch Elemente aus der Romanik und dem Barock. Hinter den alten Mauern können Besucher in der Folterkammer das Fürchten lernen – und das Staunen angesichts der Pracht des Festsaals. Bei Führungen durch die imposante Anlage mit den charakteristischen Rundtürmen kommen sie ganz nebenbei dem Ursprung der Redensart »Holzauge, sei wachsam« auf die Spur: Im Wehrgang der Burg spähten Soldaten in Kriegszeiten durch bewegliche Holzkugeln, in deren Mitte sich ein Loch befand; drehte man sie, war die Schießscharte verschlossen.

Auch zum Gefängnisverlies gibt es Geschichten: Wer noch vor ein paar 100 Jahren am Sonntag nicht zur Kirche ging oder zu spät vom Tanzen nach Hause kam, musste ein paar Tage einsitzen. Es waren harte Zeiten damals. In 30 Jahre währender Fronarbeit wurde ein 127 Meter tiefer Brunnen in den Fels geschlagen. Wer daraus einen Eimer Wasser holen wollte, musste sich über eine halbe Stunde im Tretrad abmühen. Heute ist der Brunnen im Burghof nur noch 50 Meter tief und versiegt – er endet auf dem Tunnel, der für die Bundesstraße durch den Berg getrieben wurde.

Unter der Harburg fließt die Wörnitz. Sehenswert ist die Steinerne Brücke mit ihren neun Bögen, die den Fluss seit dem 18. Jahrhundert überspannt.

KLOSTER MÖNCHSDEGGINGEN /// KLOSTERSTRASSE 5 ///
86751 MÖNCHSDEGGINGEN ///
WWW.KATHOLISCH.MOENCHSDEGGINGEN.DE ///

WEITERE INFORMATIONEN ERTEILT DIE GEMEINDE
MÖNCHSDEGGINGEN /// ALBSTRASSE 30 ///
86751 MÖNCHSDEGGINGEN /// 0 90 88 / 2 10 ///
WWW.MOENCHSDEGGINGEN.DE ///

DIE WIES IM RIES

Kloster Mönchsdeggingen

66

Die Schönheit des Verfalls: Man muss nicht nach Kuba fliegen, um den Reiz der Morbidität zu bewundern. So manche Klöster und Schlösser hierzulande wehren sich vergeblich gegen die Zerstörung durch die Zeit. Auch das Kloster Mönchsdeggingen hat schon bessere Tage gesehen: Der schöne Garten verwildert, an manchen Stellen bröckelt der Putz.

Seit über 1.000 Jahren existiert die imposante Anlage, die als ältestes Kloster im Ries gilt. Gegründet wurde sie im 10. Jahrhundert unter dem Namen Deggingen als Frauenkonvent. Als sie im 12. Jahrhundert in eine Männerabtei des Benediktinerordens umgewandelt wurde, entwickelte sich aus Deggingen Mönchsdeggingen. Die Wirren der Reformation überstand der Konvent, obwohl das Ries mehrheitlich evangelisch wurde. Mitte des 18. Jahrhunderts blühte das Kloster noch einmal auf. In jener Zeit erhielt auch seine Kirche *Unsere Liebe Frau von Deggingen* ihr heutiges Gesicht. »Die Wies im Ries«, nennt sie der Volksmund wegen der barocken Pracht im Inneren. Auffallend sind die zehn opulenten Seitenaltäre und das Gnadenbild der Wallfahrtskirche, das eine gotische Schutzmantelmadonna zeigt. Eine Rarität ist die liegende Orgel des aus Zittau stammenden und in Nördlingen lebenden Orgelbauers Paul Prescher von 1693, die später als Vorbild für eine neue Orgel in der Dresdner Kreuzkirche diente.

Doch die Zeiten ändern sich. Im Zug der Säkularisation wurde das Kloster 1802 aufgelöst und fiel an die Grafen von Oettingen-Wallerstein. Seit 1950 gehört es dem Männerordnen *Kongregation der Missionare von Mariannhill*. Die lange Geschichte hat Spuren hinterlassen an dieser einst großartigen Klosteranlage. Dennoch erweckt sie nach wie vor Eindruck. »Ein Kleinod«, sagt der Bürgermeister. Die Klosterkirche dient heute als Pfarrkirche. Und das Kloster? Sucht nach einer neuen Bestimmung.

Oldtimerfans finden vor der Restaurierungswerkstatt *Hot Paint* in der Albstraße 2 interessante Raritäten auf vier Rädern.

DEN KUNSTWALD MÖNCHSDEGGINGEN AM BUCHBERG ERREICHEN SIE AB DEM PARKPLATZ AM KLOSTER MÖNCHSDEGGINGEN /// KLOSTERSTRASSE 5 /// 86751 MÖNCHSDEGGINGEN ///

WEITERE INFORMATIONEN ERTEILT DIE GEMEINDE MÖNCHSDEGGINGEN /// ALBSTRASSE 30 /// 86751 MÖNCHSDEGGINGEN /// 0 90 88 / 2 10 /// WWW.MOENCHSDEGGINGEN.DE ///

WO DIE BÄUME AUGEN HABEN

Kunstwald am Buchberg in Mönchsdeggingen

67

»Projektdauer bis zur natürlichen Verwitterung«, heißt es ziemlich prosaisch auf der Internetseite der Stadt. Gemeint ist ein ganz besonderes Projekt: der Kunstwald von Elke Stadlmayr und Karin Bergdolt, eine Freiluftgalerie in Mönchsdeggingen.

Am Buchberg haben die beiden Rieser Künstlerinnen im Jahr 2010 schlanke Buchenstämme bunt bemalt, mal mit Streifen, mal mit Punkten, mal mit geometrischen Formen, die an die Kunst der australischen Aborigines erinnern. Von einem Baum schauen Hunderte von Augen auf den Spaziergänger, auf anderen weisen Blau- und Türkistöne auf das Element Wasser hin. Während ich zwischen den farbenfrohen Stämmen umherstreife, erwarte ich, dass gleich Baumbart aus Herr der Ringe um die Ecke kommt. So lebendig wirkt die Szenerie, als läge ein Zauber über diesem Waldstück, der die stummen Bäume zum Reden bringt. Die Augen auf dem Baum deuten auf das hin, was der Mensch sonst nicht sieht: die Tiere im Boden und in der Rinde, die unbeachteten Pflanzen auf dem Boden. Sie regen dazu an, den Wald aus einem anderen Blickwinkel zu betrachten. Natur und Kultur befinden sich an diesem Ort im Einklang. *Regenbogen über dem Ries* nennt sich eine Baumgruppe, die den Wald als Wasserspeicher thematisiert, in der Nähe macht sich kunterbunt die *Papageienfamilie* breit.

Es ist eine fröhliche, eine poetische Kunst, die immer wieder mit neuen Einfällen und Farben überrascht und sich ständig verändert. Die Buchen in ihren farbenfrohen Gewändern sprechen die Fantasie an. Man möchte sie nicht nur anschauen, sondern auch fühlen, möchte diesen märchenhaften Gestalten nahe kommen und gar nicht daran denken, dass dieses Projekt nach dem Willen seiner Schöpferinnen auf »Vergänglichkeit angelegt« ist.

☞ Gleich neben dem Weg zum Buchberg befindet sich an der Albstraße der alte jüdische Friedhof von Mönchsdeggingen.

WIRTSHAUS MEYER'S KELLER /// MARIENHÖHE 8 ///
86720 NÖRDLINGEN /// 0 90 81 / 44 93 /// WWW.MEYERSKELLER.DE ///

B & B UNTER DEN LINDEN /// OSKAR-MAYER-STRASSE 34 ///
86720 NÖRDLINGEN /// 0 90 81 / 27 31 16 ///
WWW.BRENNERS-UNTERDENLINDEN.DE ///

Wirtshaus »Meyer's Keller« in Nördlingen

68

Der Mann lebt, was er predigt. Das sieht und hört man gleich, wenn man mit Joachim Kaiser, dem Chef von *Meyer's Keller*, spricht. Der Nördlinger, der 1983 mit gerade einmal 21 Jahren das elterliche Wirtshaus übernommen hat und deshalb auf die üblichen Lehr- und Wanderjahre der Sterneköche verzichten musste, brennt für Qualität.

Als »Halbautodidakt« bezeichnet er sich mit einem Augenzwinkern selbst. Denn natürlich weiß der Sohn einer Braumeisterin, was er kann und was er auf die Beine gestellt hat. Doch Joachim Kaiser mag das Understatement. Sein mit einem Michelin-Stern dekoriertes Restaurant oberhalb von Nördlingen wirbt mit dem Slogan »Die Küche vom Land« – auch das eine Untertreibung. Denn *Meyer's Keller* fußt auf zwei Säulen: der ehrlichen Landhausküche in ansprechender Umgebung samt Biergarten zum einen und der kreativen Gourmetküche in elegantem Ambiente zum anderen. »Wir leben unsere Idee zu 100 Prozent«, sagt der Chef. Er kennt alle seine Produzenten persönlich, den Müller ebenso wie den Schäfer oder die Winzer. Alte Handwerksmethoden haben es ihm angetan, da hat er sich unter anderem in Italien inspirieren lassen.

Und so kommt es, dass in den ehemaligen Brauereikellern derzeit Hunderte Culatello-Schinken in Schweineblasen reifen, ein seltener (und teurer) Genuss. Berührungsängste hat Joachim Kaiser keine. Auch aus der Molekularküche bedient er sich getreu seiner Maxime, nicht stehen zu bleiben und die Gäste immer wieder zu überraschen. Dieser Ehrgeiz kommt ebenfalls der Landhausküche zugute. Ehrlichen Produkten will der Nördlinger wieder zu Ehren verhelfen. Dafür engagiert er sich in Kinderprojekten, was ihm schon den Kulturpreis des Kultusministeriums eingebracht hat. »Man kann die Welt nur in kleinen Schritten verändern«, ist er überzeugt – und so handelt er.

Unweit von *Meyer's Keller* lädt die Familie Brenner in ihr kuscheliges Bed-and-Breakfast-Haus *Unter den Linden*.

DIE STADTMAUER IN NÖRDLINGEN IST ÜBER DIE AUFGÄNGE AN DEN FÜNF STADTTOREN FREI ZUGÄNGLICH. STARTEN SIE IHREN RUNDGANG AM BERGER TOR MIT DEM GLEICHNAMIGEN CAFÉ /// [redacted] ECKE ULMER STRASSE/AN DER BERGERMAUER /// 86720 NÖRDLINGEN ///

WEITERE INFORMATIONEN ERHALTEN SIE IM STADTMAUERMUSEUM /// LÖPSINGER TORTURM /// AN DER LÖPSINGER MAUER 3 /// [redacted] 86720 NÖRDLINGEN /// 0 90 81 / 91 80 /// WWW.NOERDLINGEN.DE ///

EINMAL RUNDHERUM

Stadtmauer in Nördlingen

69

Zwischen 1327 und 1399 haben die Nördlinger ihre Stadtmauer erbaut. Sie steht heute noch genauso wie ihre fünf Tore, durch die man in die Altstadt kommt, und die Kasarme, eine Kette kleiner Häuser, die zwischen Berger und Deininger Tor an der Innenseite der alten Befestigungsmauer kleben. Einst wohnten darin mittellose Leute, die in Kriegszeiten ihre Behausungen für die Stadtsoldaten räumen mussten. Nach der Schlacht von Höchstädt wurden zudem die Verwundeten in den Kasarmen untergebracht. Heute sind die ehemaligen Armenhäuschen längst an den modernen Standard angepasst und begehrte Immobilien.

Wer auf der überdachten Mauer um den Stadtkern herumspaziert, kommt am Café Berger Tor vorbei – der Rundgang führt mitten durch die Stube. Das stört den Betreiber aber wenig. Ralf Kluger, der eigentlich Aromatechniker ist und auf einer seiner Reisen in Thailand die Münzschneiderei von einem Schweden erlernt hat, hat im Café auch seine Werkstatt untergebracht. Wenn der Andrang der Gäste nachlässt und Ruhe einkehrt, setzt er sich an seinen Tisch und sägt aus den Münzen Motive aus – ein diffiziles Kunsthandwerk, das ihm Kunden aus aller Welt beschert. Gerade mal drei Profis gäbe es in Deutschland, die so aus Münzen Schmuckstücke herstellen, sagt der Mittfünfziger, ehe er den nächsten Kaffee zu seinen Gästen nach draußen trägt.

Der Spaziergang über die uralte Wehranlage, die Nördlingen jahrhundertelang vor feindlichen Eindringlingen bewahrt hat, vermittelt einen Eindruck der mittelalterlichen Stadt mit ihren Gässchen und Gärten, den Fachwerkhäusern und Kirchen. Natürlich ist auch der berühmte »Daniel« von der Mauer aus zu sehen, jener imposante 90 Meter hohe Turm, auf dem zwei Wächter Tag und Nacht postiert waren, um Nördlingen rechtzeitig vor Feuer und Feinden zu warnen.

Wer den »Daniel« besteigt, kann den Türmer in der Türmerstube besuchen.

**MUSEUM »KULTURLAND RIES« /// KLOSTERHOF 3 UND 8 ///
86747 MAIHINGEN /// 0 90 87 / 9 20 71 70 ///
WWW.MUSEUMKULTURLANDRIES.DE ///**

**KLOSTERKIRCHE MARIA IMMACULATA /// KELLERPLATZ ///
86747 MAIHINGEN /// 0 90 87 / 92 99 90 ///
WWW.KLOSTER-MAIHINGEN.DE ///**

WIE ZU GROSSMUTTERS ZEITEN

Museum »Kulturland Ries« in Maihingen

70

Die schöne Wallfahrtskirche Maria Immaculata des ehemaligen barocken Klosters ist noch immer das Zentrum von Maihingen. Die Gebäude der einstigen Abtei dienen aber längst anderen Zwecken. Im früheren Brauhaus können die Besucher seit 2013 einen vergnüglichen Spaziergang durch 300 Jahre Alltagskultur im Ries unternehmen.

Die Älteren werden viele der Alltagsgegenstände wiedererkennen, die ausgestellt sind, eine Wäscheschleuder etwa, Töpfe und Pfannen aus Großmutters Zeiten, uralte Schlittschuhe und Nachkriegsspielzeug, einen vorsintflutlichen Drahtesel oder ein hochbetagtes Transistorradio. Auch der nachgebaute Milchladen aus den 1920er-Jahren mit den Kannen vor der Tür, der Friseur mit getrennten Salons für Herren und Damen, der Zahnarzt, bei dem der Bohrer wie ein Menetekel über dem gefürchteten Stuhl schwebt – all das gab es einmal, und es ist noch gar nicht so lange her.

Auf 1.100 Quadratmetern lädt das teilweise interaktive Museum dazu ein, sich in frühere Tage zu versetzen, als es noch keinen Fernseher, geschweige denn Computer oder Smartphones gab. Sich eine Zeit vorzustellen, in der die Menschen nicht online shoppen konnten, sondern sich mit dem ziemlich begrenzten Angebot der »Kaufläden« zufriedengeben mussten. Auch wie sich die Kleidung über die Jahrzehnte verändert hat, kann der Besucher nachvollziehen: vom blauen Rieser Bauernkittel bis zum exklusiven Outfit der Nördlinger Modefirma Strenesse.

Spannend sind die Gespräche mit unterschiedlich alten Frauen aus dem Ries, die aus ihrem Familienleben erzählen und ahnen lassen, wie sehr die Kirche vor nicht allzu langer Zeit den dörflichen Alltag zwischen Taufe und Tod prägte. Auf eine besondere, kindgerechte Entdeckungsreise durch das Museum nimmt die Gans Marie kleine Besucher mit.

Ein Hingucker in der Wallfahrtskirche ist das Kulissenheiliggrab im barocken Stil.

RIESER HOF /// ST. ULRICH STRASSE 12 ///
86733 RUDELSTETTEN /// 0 90 85 / 5 13 /// WWW.RIESER-HOF.DE ///

STAMMTISCHFREUDEN IM DORFGASTHAUS

Gaststätte Rieser Hof in Rudelstetten

71

Im hübschen Örtchen Rudelstetten, wo noch die Häuser so aussehen wie in einem typischen Rieser Dorf und die Kirche mittendrin steht, hat sich Achim Schneller als Wirt niedergelassen. Aus dem traditionellen Gasthof gleich gegenüber dem Gotteshaus mit dem Storchennest auf dem Turm hat der gelernte Bierbrauer eine Brauereigaststätte gemacht.

Bei der umfangreichen Renovierung haben die Eltern geholfen, und in der Küche werkelt ein Chefkoch, der großen Wert auf Qualität und regionale Produkte legt. Zwar kommt das Fleisch für die Steaks aus Argentinien, aber der örtliche Metzger liefert den Schweinebraten. In der hellen Gaststube werden auch Burger frisch vom Grill serviert, dazu Spezialitäten aus der schwäbisch-bayerischen Küche, darunter vegetarische Maultaschen mit Spinat und Ricotta. Neuerdings sogar vegane Gerichte. Das kommt nicht nur im Dorf gut an, sondern ebenso bei Gästen von außerhalb. Ihnen allen schmeckt der dunkle Haustrunk, den der Gastgeber selbst braut. Gelernt hat der Mittdreißiger das Brauhandwerk in Oettingen, danach hat er »mit ein paar Kumpels« in einer Schlachtküche angefangen, sein eigenes Bier herzustellen. Irgendwann will er im Wirtshaus eine Microbrauerei installieren, dann sollen sich auch die Gäste als Bierbrauer versuchen können.

Der junge Wirt ist zuversichtlich, dass sein Betrieb Zukunft hat. »Wir liegen sehr zentral mitten im Ries«, sagt er. Er ist stolz darauf, das Dorfgasthaus, das andernorts schon auf der Roten Liste der aussterbenden Arten steht, wieder mit Leben erfüllt zu haben. Selbst die Tradition der Stammtische lebt im Rieser Hof wieder auf. Montags kommen die Älteren, erzählt der Wirt, am Donnerstag eher die Jüngeren und am Freitag eine bunte Gästemischung.

Rudelstetten liegt am 18 Kilometer langen Sieben-Hügel-Weg mit interessanten Einblicken in den Ries-Krater.

WALLFAHRTSKIRCHE MARIA BRÜNNLEIN /// WALLFAHRTSBÜRO ///
OETTINGER STRASSE 103 /// 86650 WEMDING /// 0 90 92 / 9 68 80 ///
WWW.MARIA-BRUENNLEIN.DE ///

WUNDERTÄTIGES WASSER

Wallfahrtskirche Maria Brünnlein in Wemding

72

Nicht alle Brünnlein sprudeln in der Wallfahrtskirche Maria Brünnlein bei Wemding – aber immerhin fangen vier goldene Muscheln das frische Quellwasser auf, das aus dem Brunnenaltar mit dem Gnadenbild *Unserer Lieben Frau von Wemding* fließt. Gläubige füllen das kostbare Nass in Fläschchen ab und benetzen sich damit die Augen – in der Hoffnung, dass es die Sehkraft stärke.

Ein echter Augenschmaus ist die prachtvoll mit Stuck und Fresken des Wessobrunner Stuckateurs Johann Baptist Zimmermann und seines Sohns Michael ausgestattete Rokokokirche. Auf Votivtafeln danken Gläubige für die Hilfe der »Lieben Frau« bei Prüfungen, bei Unfällen – und bei Streitigkeiten mit den lieben Nachbarn. Im ausgelegten Buch befinden sich auch Danksagungen auf Italienisch und Kroatisch, denn die Wallfahrt nach Maria Brünnlein zieht jährlich 200. 000 Besucher aus aller Welt an.

Im Zentrum steht das Gnadenbild, eine Marienfigur, die der junge Franz Forell 1680 in seine Heimatstadt Wemding brachte, damals eine bayerische katholische Exklave im protestantisch geprägten schwäbisch-fränkischen Grenzgebiet. Schon bald berichteten die ersten Gläubigen über wundersame Heilungen, nachdem sie zu der Madonna mit dem Jesuskind auf dem linken Arm gebetet hatten. Und dann versprach ein Priester den Bau einer Kapelle, da ihm der Legende nach eine Wasserwand an der Wassersammelstelle unterhalb der Quelle den Heimweg versperrt hatte. Schnell wurde die Kapelle zu klein für die fromme Gemeinde. Und weil die Augen der Muttergottes sich angeblich immer wieder gen Wemding gewendet haben, forderte das gläubige Volk den Bau einer neuen Kirche. 1748 fand die Grundsteinlegung statt, 34 Jahre später die Einweihung. 1998 erhob Papst Johannes Paul II. die Wallfahrtskirche zur Basilika minor.

☞ Vom Parkplatz zum Hauptportal der Basilika passiert man den Kreuzweg mit 15 Glasbildern des 2016 verstorbenen Jesuiten und Glasmalers Michael Kampik.

STARTEN SIE IHRE ERKUNDUNGSTOUR DURCH WEMDING AM GEBURTSHAUS VON LEONHART FUCHS /// MARKTPLATZ 2 /// 86650 WEMDING ///

WEITERE INFORMATIONEN ERHALTEN SIE VON DER TOURISTINFORMATION WEMDING /// MANGOLDSTRASSE 5 /// 86650 WEMDING /// 0 90 92 / 96 90 35 /// WWW.WEMDING.DE/TOURISMUS ///

WO DIE FUCHSIEN BLÜH'N

Städtchen Wemding mit Geburtshaus von Leonhart Fuchs

73

Es ist ein eher unscheinbares Häuschen am Marktplatz im 5.000-Einwohner-Städtchen Wemding. Doch es hat Geschichte geschrieben, Blumengeschichte. In dem Gebäude wurde 1501 der Mediziner Leonhart Fuchs als Sohn des Wemdinger Bürgermeisters geboren. Er gilt als einer der Väter der Botanik. Mit der Fuchsie, bei Gartenfreunden wegen ihrer Vielfalt beliebt, lebt sein Name weiter. Sein Geburtsort wirbt heute mit dem Beinamen »Fuchsienstadt«.

Wemding kann nicht genug kriegen von der Fuchsie. Es veranstaltet nicht nur alljährlich einen Fuchsienmarkt, es gibt einen Kräutertee nach Leonhart Fuchs, einen Fuchsienstadt-Burger, Fuchsienschnaps und Fuchsieneis – und natürlich die weltweit einzigartige Fuchsienpyramide neben dem Rathaus, die im Frühling und Sommer alle Blicke auf sich zieht. An der Basis misst die fünf Meter hohe Blütenpyramide 4,5 Meter und ist damit mehr als doppelt so breit wie das schmale Geburtshaus von Leonhart Fuchs. Natürlich schmückt die berühmte Pflanze auch den Marienbrunnen auf dem Marktplatz. Und beim Fuchsienrundgang durchs Städtchen mit den schönen Renaissancebauten, dem Storchennest auf dem Rathaus und den einladenden Gasthäusern können Besucher die unterschiedlichsten Fuchsienarten in Kübeln bewundern: rot-weiße Blüten mit dem Namen »Liebelei«, die lachsfarbene »Koralle«, die rosa-violette »Winston Churchill« und die gefüllte weiß-rosa Blüte mit dem Namen »Stadt Wemding«.

Leonhart Fuchs würde sich über den Fuchsien-Hype seines Geburtsorts wundern. Denn der pflanzenkundige Arzt hat die Pflanze, die seinen Namen trägt, gar nicht gekannt. Es war der Botaniker Charles Plumier, der 1696 das Nachtschattengewächs mit den glockenförmigen Blüten in Südamerika entdeckte und nach Leonhart Fuchs benannte – 130 Jahre nach dessen Tod.

☞ Der Fuchsien- und Kräutermarkt in Wemding, der einzige Gartenmarkt rund um die Fuchsie, findet am letzten Wochenende im Mai statt. Dann blühen auch die ersten Blüten der Fuchsienpyramide.

RATHAUS /// MARKTPLATZ 23 /// 86653 MONHEIM ///
0 90 91 / 9 09 10 /// WWW.MONHEIM-BAYERN.DE ///

GEHEIMNISVOLLES INNENLEBEN

Rathaus in Monheim

74

Monheim ist reizend mit seinen Stadttoren und dem Schloss, der schönen Kirche und den kleinen Gassen. Auch das Rathaus ist ein stattlicher Bau. Doch viel wichtiger als die bemerkenswerte Fassade ist das geheime Innenleben dieses Gebäudes. Wunderschön restaurierte Stuckdecken zieren die meisten Räume mit alttestamentlichen Motiven: Jakob, der im Traum die Himmelsleiter sieht, Abraham, der im Begriff ist, seinen Sohn Isaac zu opfern, oder König David mit der Laute. Dazu in Goldbuchstaben hebräische Segenssprüche.

Wie aber kamen diese Szenen, die in Mitteleuropa ziemlich einmalig sein dürften, in das Rathaus des Jurastädtchens? Es war der reiche jüdische Kaufmann Abraham Elias Model, Hoffaktor des Grafen von Oettingen-Wallerstein, der den dreistöckigen Barockbau zwischen 1714 und 1720 errichten ließ, wobei es ihm wichtig war, sein Ansehen und seine Bildung zu demonstrieren. Dafür engagierte der Bauherr Künstler der Wessobrunner Schule.

Dieses »sehr kostbare Haus« diente nicht nur zum Wohnen, sondern darüber hinaus der Repräsentation jüdischer Kultur. Zu Models Zeit lebten wohl 16 jüdische Familien in Monheim, wobei das Zusammenleben mit dem Rest der Bevölkerung nicht gerade harmonisch verlief. Die Monheimer Bürger protestierten mit allen Mitteln gegen die wachsende Zahl der Zuwanderer. 1741 hatten sie schließlich Erfolg: Herzog Karl Philip ließ alle 330 Juden ausweisen.

Abraham Elias Model zog ins nahe Harburg und verkaufte sein Eigenheim an die Stadt. Die nutzte es als Schule und später als Rathaus. Die schönen Stuckdecken wurden übertüncht und überdauerten so auch den Nationalsozialismus. Erst 1978 kamen sie nach einer Restaurierung in ihrer vollen Schönheit wieder zur Geltung. Heute können sich Paare unter den Augen der alttestamentarischen Väter das Jawort geben.

☞ Wer mag, kann sich im Zentrum auf den Buchstabenweg machen und alle sieben Buchstaben von Monheim aus Jurastein aufspüren.

DEHNER-BLUMENPARK MIT GASTRONOMIE ///
DONAUWÖRTHER STRASSE 3–5 /// 86641 RAIN ///
0 90 90 / 77 53 31 /// WWW.DEHNER.DE/ ///
BLUMENPARK /// DEHNER-BLUMENHOTEL /// BAHNHOFSTRASSE 19 ///
86641 RAIN /// 0 90 90 / 7 60 /// WWW.DEHNER-BLUMENHOTEL.DE ///

DAS BLÜTENPARADIES

Dehner-Stammsitz mit Blumenpark und Gastronomie in Rain

75

Es duftet und summt, plätschert und rieselt, Frösche quaken, Pfauen schlagen Räder, Vögel singen: Der Dehner-Blumenpark ist ein künstliches Naturparadies. Kein Wunder, dass der Stammsitz des Gartenunternehmens in Rain am Lech längst ein Ausflugsziel für die gesamte Familie geworden ist.

In den Schaugärten, wo Blumen je nach Jahreszeit zu immer neuen fantastischen Farb- und Formenkompositionen angeordnet werden, wo man vom alpinen Stein- zum japanischen Landschaftsgarten flanieren kann, finden Pflanzenfreunde reichlich Anregungen – und im angrenzenden Gartencenter gleichzeitig alles, was sie zur Gestaltung des eigenen Grüns brauchen. Während die Erwachsenen staunen und planen, kann sich der Nachwuchs auf dem weitläufigen Abenteuerspielplatz austoben, der natürlich in Form einer Blumenwelt angelegt ist. Gemeinsam bestaunen Jung und Alt die zartroten Flamingos, die so anmutig auf einem Bein stehen können. Oder sie wandern durch den 12.000 Quadratmeter großen Naturlehrgarten, wo sie alles über die Pflanzen- und Tierwelt vor der Haustür erfahren können. Hier wachsen Schlehe und Liguster, Klee und Salbei, Eiche und Pappel, und in den Teichen blühen Seerosen. Ein Barfußpfad macht allen Generationen Spaß, und die Bronzerehe zwischen den Bäumen dürfen sogar gestreichelt werden.

Kaum zu glauben, dass das Ganze mal mit einem Zwei-Mann-Betrieb begonnen hat. Gleich nach dem Krieg haben Georg und Albertine Weber, eine geborene Dehner, die Firma *Dehner & Co. Samenzucht – Samengroßhandel* in Rain gegründet. 1949 schon wurde die erste Filiale in Augsburg eröffnet. Heute ist *Dehner* Marktführer unter den Gartencentern in Deutschland, und der »Blumenpark« am Stammsitz in Rain alljährlich das Ziel von zwei Millionen Besuchern.

Der Blumenpark bietet auch Gastronomie und in der Bahnhofsstraße können Gäste im Dehner-Blumenhotel in einer Vier-Sterne-Unterkunft übernachten.

KLOSTERMÜHLENMUSEUM /// FRANZENGASSE 21 ///
86672 THIERHAUPTEN /// 0 82 71 / 17 69 ///
WWW.KLOSTERMUEHLENMUSEUM.DE ///

HERZOG TASSILO STUB'N IM BENEDIKTINERKLOSTER THIERHAUPTEN ///
KLOSTERBERG 8 /// 86672 THIERHAUPTEN /// 0 82 71 / 4 21 75 55 ///
WWW.KLOSTER-GASTRONOMIE-THIERHAUPTEN.DE ///

DES MÜLLERS LAST

Klostermühlenmuseum in Thierhaupten

76

Die Mühlen klappern auch in Thierhaupten schon lange nicht mehr am rauschenden Bach. Von den ehemals vier Wasserkraftanlagen an der Friedberger Ach ist keine mehr in Betrieb. Einzig die *Untere Mühle* gibt es noch. Bis zu ihrer Schließung 1961 wurde über 450 Jahre lang Getreide gemahlen. Im heutigen Klostermühlenmuseum können Besucher lernen, wie die alten Mahlwerke funktionierten.

Welch ein Glück, dass sich 1994 mit Karl und Barbara Seidenschwamm engagierte Privatleute für das einsturzgefährdete Gebäude fanden. Bei den Sanierungsarbeiten der unter Denkmalschutz stehenden Mühle wurde dafür gesorgt, dass sich das Wasserrad an der Südseite wieder dreht – und sogar Strom liefert. Heute können Besucher in den behutsam sanierten Räumen nicht nur einen lebendigen Einblick in die mühsame Arbeit der Müller bekommen, sie erfahren auch »die Geschichte der Getreidevermahlung von der Steinzeit bis in die Gegenwart«, wie Museumsleiterin Claudia Drachsler-Praßler sagt. Und angesichts der mächtigen Mühlsteine können sie das Sprichwort vom Mühlstein um den Hals nachvollziehen. Die Vorführmühle wird heute zwar von einem Elektromotor angetrieben, aber es knarzt und knirscht wie ehedem. Und weil das Museum nicht nur in Nostalgie schwelgen will, ermöglicht ein Touchscreen einen Einblick in die Gegenwart der Mühlen.

Die Ausstellung lässt sich auch aktiv erleben, beim Papierschöpfen, Brotbacken, Getreideschroten oder Ölpressen. Im gegenüberliegenden Märchenstadel können Groß und Klein Märchen hören, zudem werden abendliche Themenführungen angeboten, die von Otfried Preußlers Roman *Krabat* inspiriert sind und ein spannendes Erlebnis mit »Gänsehautgarantie« versprechen. Und im Mühlengarten wachsen wieder alte Getreidesorten.

Ein Spaziergang am Mühlenweg entlang der Friedberger Ach verbindet die alten Müllerstandorte und führt direkt zum ehemaligen Benediktinerkloster Thierhaupten mit Biergarten und Spielplatz.

BAUMHAUSHERBERGE /// SEEANGER 3 /// 86554 PÖTTMES /// 0 82 53 / 60 53 /// WWW.BAUMHAUS-BAYERN.DE ///

VON HANDZELL FÜHRT DIE BADSTRASSE ZUM MANDLACHSEE IN RICHTUNG INGSTETTEN. DIREKT AN DER ORTSVERBINDUNGSTRASSE BEFINDET SICH EIN PARKPLATZ, VON DORT SIND ES NUR WENIGE GEHMINUTEN ZUM SEE.

TRÄUMEN IN DEN BÄUMEN

Baumhausherberge in Pöttmes

77

Einen Fernseher sucht man vergebens, ebenso WLAN, dafür werden viel Natur direkt vor dem Fenster und Komposttoiletten geboten. Schließlich wohnt der Gast in einem Baumhaus. Ja, ganz recht, genauso wie man es sich als Kind vielleicht erträumt hat. Ein gemütliches Zimmerchen rund um einen Stamm gebaut, in dem man sich gerne im Doppelbett zusammenkuschelt, um den Stimmen der Nacht zu lauschen, die hier draußen völlig anders klingen als in der Stadt.

»Oh Gott, wie herzig«, jubelt eine Besucherin, die das komfortable Zauberhaus gebucht hat. Jedes Detail bestaunt sie, die Kissen im Ethno-Look, den Baum im Zentrum, den Blick aus dem Fenster, das Waschbecken in luftiger Höhe. Wer in den Wipfeln wohnen will, muss sich nicht über Äste nach oben hangeln und auch nicht eine Strickleiter hinaufklettern – die Häuser sind durch einen Steg miteinander verbunden. Nur, wer ins »Vogelnest« will, muss über eine enge, steile Treppe emporsteigen, dahin, wo nur noch Eichhörnchen und Federvieh durchs Fenster schauen können.

Heute sind die naturnahen Quartiere in den sechs Monaten, die sie geöffnet haben, fast immer ausgebucht. Doch als die Familie Soós-Schupfner vor gut zehn Jahren Bayerns erste Baumhausherberge plante, erntete sie viel Spott und vor allem Unverständnis. »Wie die Affen in den Bäumen« sollten die Gäste wohl wohnen, ätzten einige Nachbarn, und im Landratsamt, das die Genehmigung erteilen sollte, waren die Beamten zunächst ratlos. Inzwischen haben alle anerkannt, dass die Hoteliers der anderen Art einen guten Riecher bewiesen haben, denn vor allem Stadtmenschen lieben es, von Vögeln in den Schlaf gesungen und von der Morgensonne geweckt zu werden. Wenn das Erlebnis im Baumhaus nicht so grundverschieden vom Alltag wäre, dann, meint die begeisterte Besucherin, könnte man ja gleich zu Hause bleiben.

☞ Der nahe Mandlachsee bei Handzell ist ein schnuckeliges Naherholungsgebiet.

DIE ROSSMOOS-KAPELLE BEFINDET SICH AUF EINEM FELDWEG, DER VOM ORTSAUSGANG INCHENHOFEN RICHTUNG ROSSMOOS INS MOOR FÜHRT

WEITERE INFORMATION ERHALTEN SIE VON DER MARKTGEMEINDE INCHENHOFEN /// ZISTERZIENSERPLATZ 2 /// 86570 INCHENHOFEN /// 0 82 57 / 9 99 70 /// WWW.INCHENHOFEN.DE ///

DENKMAL DES BÜRGERPROTESTS

Rossmoos-Kapelle in Inchenhofen

78

Diese kleine, unscheinbare Kapelle ist etwas Außergewöhnliches. Denn sie steht für Protest und bürgerliches Engagement. Bei Nacht und Nebel haben Männer und Frauen aus Inchenhofen in einer Freinacht im Jahr 1992 das 40 Tonnen schwere Gebäude errichtet, der halbe Ort war an der Aktion im Rossmoos beteiligt. Mit dem Bau sollte eine geplante Schlackendeponie verhindert werden.

Schließlich ist das Rossmoos eine Art Naturdenkmal: Im Sumpfgebiet lagerten einst bis zu 2,6 Meter dicke Torfschichten. Torfabbau, Trockenlegung und intensive landwirtschaftliche Nutzung setzten dem Moor über die Jahrzehnte zu. Doch seit das Rossmoos renaturiert wird, blühen wieder die Kuckucks-Lichtnelke und das Wiesen-Schaumkraut. In den neu angelegten Flachwassertümpeln laichen Kreuzkröten und quaken kleine Wasserfrösche. Infotafeln zeigen das Naturparadies im Wandel.

Jahrzehnte nach der Protestaktion erinnert die Kapelle daran, was Bürger erreichen können, wenn sie zusammenhalten und zusammenarbeiten. Das Rossmoos, neben dem Donaumoos das größte zusammenhängende Niedermoor in der Region, wirkt heute so unberührt, als hätte es nie einen Streit darum gegeben. Dafür wird es gehegt und gepflegt, Schüler sorgen mit Pflanzprojekten dafür, dass all die charakteristischen Gräser – 6.000 an der Zahl – weiterwachsen, Bürger räumen gemeinsam den Müll beiseite, der sich im Lauf des Jahres ansammelt. Das Engagement, das mit dem Bau der kleinen Kapelle begonnen hatte, wirkt weiter. Natürlich kann der »Schwarzbau« mitten im Feld der großartigen Wallfahrtskirche St. Leonhard im Herzen von Inchenhofen keine Konkurrenz machen. Und doch ist diese noch junge Kapelle eben ein Baudenkmal der besonderen Art.

Über die Grenzen von Bayerisch-Schwaben hinaus bekannt ist der wohl älteste Leonhardi-Ritt, der am ersten Sonntag im November in Inchenhofen startet.

SISI-SCHLOSS UNTERWITTELSBACH /// KLAUSENWEG 1 ///
86551 AICHACH /// 0 82 51 / 89 18 69 ///

WEITERE INFORMATIONEN ERTEILT DIE STADT AICHACH ///
STADTPLATZ 48 /// 86551 AICHACH /// 0 82 51 / 90 20 ///
WWW.AICHACH.DE/TOURISMUS ///

DIE SOMMERFRISCHE DER PRINZESSIN

Sisi-Schloss Unterwittelsbach

79

Seine Burg nannte Herzog Max von Bayern das »Wasserschlösschen in Unterwittelsbach«. Hierher kam er, wenn er sich von den Staatsgeschäften erholen und auf die Jagd gehen wollte. Und manchmal war die Familie dabei, auch seine Tochter Elisabeth, die spätere österreichische Kaiserin. Deshalb steht auf dem Wegweiser »Sisi-Schloss«. Im heutigen Aichach soll das junge Mädchen mit seinen Geschwistern fröhliche Sommerfrischen verbracht haben.

Um Sisi drehen sich auch die Ausstellungen, die in dem verwunschen liegenden sonnengelben Schlösschen alljährlich ausgerichtet werden. Denn die schöne Kaiserin, deren Leben so tragisch endete, übt immer noch eine immense Anziehungskraft aus. Dabei waren die Wittelsbacher nur ein kurzes Kapitel in der langen Geschichte der Residenz, die über die Jahrhunderte immer wieder die Besitzer wechselte, bis sie die Stadt Aichach erwarb. Heute ist das Wasserschloss mit der kleinen neogotischen Kapelle und einem eigenen Café ein beliebtes Ausflugsziel an der Sisi-Straße. Anhänger der österreichischen Kaiserin pilgern hierher, um noch mehr über ihr Idol zu erfahren, dessen Porträt im oberen Stockwerk eine ganze Wand ausfüllt. Immerhin galt Sisi zu ihrer Zeit als schönste Frau der Welt.

Auch ich komme gerne an diesen Ort, schaue in den Weiher, in dem sich das Schloss so malerisch spiegelt, und träume von einer anderen, längst vergangenen Zeit. Fast könnte ich dann die Geschichte glauben, die man sich in Unterwittelsbach erzählt. Dass nämlich die kleine Sisi manchmal mit ihrem herzoglichen Papa ins nahe Wirtshaus ging. Dass der Herzog dort Zither spielte und seine Tochter dazu tanzte. Und dass das Mädchen im Anschluss mit dem Hut Geld einsammelte. Ihrer Zofe soll sie einmal einen Haufen Münzen gezeigt haben mit der Bemerkung, dies sei das einzige Geld, das sie selbst verdient habe. Wer weiß, vielleicht ist sogar ein Körnchen Wahrheit an der Geschichte.

Wer möchte, kann von Augsburg mit dem Rad nach Unterwittelsbach fahren. Die Gegend ist gut mit Radwegen erschlossen.

NORBERT ZANDTNER FÜHRT ALS EIN-MANN-BETRIEB DAS HINTERHOF-BRÄU AICHACH /// AUENSTRASSE 2A /// 86551 AICHACH /// 0 82 51 / 8 87 65 85 /// WWW.HINTERHOFBRAEU-AICHACH.DE ///

BERABECKA BOANDL-BRÄU /// HAUPTSTRASSE 36 /// 86551 AICHACH /// 0 82 51 / 5 23 55 /// WWW.BOANDLBRAEU.DE ///

DAVID GEGEN GOLIATH

Hinterhof-Bräu Aichach

80

Man muss schon ein bisschen suchen, um auf diese Microbrauerei im reizvollen Städtchen Aichach zu stoßen. Sie heißt nicht umsonst *Hinterhofbräu*. Der gelernte Braumeister Norbert Zandtner stellt in der Auenstraße seit 2011 alljährlich 300 Hektoliter Bier her. Die gleiche Menge könnte eine Großbrauerei an einem Tag produzieren. Doch der Aichacher ist ja auch ein Ein-Mann-Betrieb. Und um bestehen zu können, schuftet er ganz schön: 20 Sorten braut er im Jahr, für jeden Monat ein eigenes Bier. Da ist der *Bräu* konsequent, ebenso konsequent wie im Jahr 2016, als es galt, sich gegen die allmächtige Konkurrenz durchzusetzen.

Das *Münchner Hofbräuhaus* wollte den Ein-Mann-Betrieb mit einer Klage dazu zwingen, seinen Namen zu ändern. Doch Zandtner, ein kerniger Kerl mit Grundsätzen, dachte nicht daran, sich dem Druck des Biergiganten zu beugen. Er braue nun mal im Hinterhof, argumentiert er. Das könne jeder sehen, der zu ihm komme. Und immerhin habe er schon einmal nachgegeben – vor ein paar Jahren, als das *Hofbräuhaus* die ovalen Etiketten als zu ähnlich empfand. Dass die Münchner wieder Forderungen stellten, empörte den Kleinunternehmer. Ans Einlenken oder gar Aufgeben dachte er nie. Als Kampf zwischen David und Goliath ging der kuriose Streit bundesweit in die Schlagzeilen ein. Für Norbert Zandtner nicht nur willkommene Publicity. Denn die Auseinandersetzung kostete Zeit und Nerven.

Doch heute scheint alles beigelegt. Man hat sich geeinigt – außergerichtlich, bei Weißbier und *Hinterhof*-Bier. Künftig wird »Hinterhof« und »Bräu« auseinander geschrieben, werden H und B voneinander weggerückt. Damit ist die Verwechslungsgefahr gebannt. Die Münchner zeigten sich spendabel und finanzierten die ersten neuen Etiketten für den Aichacher Microbrauer. Jetzt kann man im *Hinterhof-Bräu* wieder Partys feiern.

Für Bierliebhaber interessant ist ebenfalls die Kleinbrauerei *Berabecka Boandl-Bräu* direkt neben dem Aichacher Friedhof.

JAHRTAUSENDWEG IM PARK AM STADTMUSEUM ///
SCHULSTRASSE 2 /// 86551 AICHACH ///

WEITERE INFORMATIONEN ERTEILT DAS INFORMATIONSBÜRO
DER STADT AICHACH /// STADTPLATZ 48 /// 86551 AICHACH ///
0 82 51 / 90 20 /// WWW.AICHACH.DE ///

ES WÄCHST SCHON GRAS DARÜBER

Jahrtausendweg in Aichach

81

Herzen sind zu sehen und Sterne, Sonnenstrahlen, Smileys, krakelige Liebeserklärungen, Kinderhände, sogar japanische Schriftzüge. An einigen der Betonplatten hat der Zahn der Zeit genagt, über manche Zeichen wächst schon Gras. Der *Aichacher Jahrtausendweg* ist trotzdem eine besondere Sehenswürdigkeit, denn er ist einer Idee der örtlichen Zeitung und dem Engagement der Bürger zu verdanken. Die ließen sich am 31. Dezember 1999 nicht lange bitten, ihren Beitrag zur Jahrtausendwende in Beton zu gießen.

1.000 Menschen aus Stadt und Land kamen am Silvesterabend zusammen, um im Innenhof der ehemaligen Brauerei *Stieglbräu* am Stadtplatz auf 2.000 Pflastersteine aus frischem Beton ihre Spuren zu hinterlassen. Nach neun Stunden war die Arbeit getan und die Grundlage für den *Aichacher Jahrtausendweg* geschaffen. In den ersten Wochen des Jahres 2000 wurde dann der Obelisk, der am Anfang der Route steht, von Schülern gestaltet. Bis heute zeugen die 2.000 Platten davon, was gemeinschaftliches Engagement bewirken kann. Das Projekt stellte zugleich eine Hilfsaktion von Bürgern für Mitmenschen dar, die auf die Hilfe anderer dringend angewiesen sind. Dieser Grundgedanke lebt bis heute weiter.

Nur schade, dass Fremde diesen außergewöhnlichen Weg nur mit einiger Mühe finden. Ich bin jedenfalls erst mal in die Irre gelaufen, als ich ihn gesucht habe. Aber das macht nichts, denn Aichachs historischer Kern mit dem Oberen und dem Unteren Tor, dem hübschen barocken Rathaus, dem Färberturm und der Botengasse mit den ältesten Häusern des Städtchens lohnt einen ausgiebigen Bummel. Hinter dem Rathaus sticht der weiß-blaue Maibaum mit seiner modernen Formensprache ins Auge und auf dem imposanten Kirchturm der Stadtpfarrkirche die Hausnummer. Sie macht deutlich, dass dieses Aichacher Wahrzeichen städtisches Eigentum ist.

Das Stadtmuseum in der Schulstraße 2 lädt zu einer Zeitreise in die Geschichte der alten Herzogstadt ein.

SCHLOSS BLUMENTHAL /// BLUMENTHAL 1 ///
86551 AICHACH-KLINGEN /// 0 82 51 / 8 90 43 00 ///
WWW.SCHLOSS-BLUMENTHAL.DE ///

LEBENDIGE GEMEINSCHAFT IN ALTEN GEMÄUERN

Schloss Blumenthal bei Aichach 82

Ein Schloss zum Wohnen, Arbeiten und Feiern – auch das gibt es im Hügelland von Bayerisch-Schwaben inmitten von Wiesen, Weihern und Wäldern. Schloss Blumenthal, früher Hauptsitz der Deutschordens-Komtur und Jahrhunderte im Besitz der Fugger'schen Stiftungsverwaltung, kannte ich schon lange als malerischen Biergarten. Der lädt nach wie vor zum Verweilen ein, doch Blumenthal bietet mehr als nur ein Wirtshaus mit Biergarten und schönen Sälen, in denen Feste gefeiert werden können. In den restaurierten Gebäuden der alten Schlossanlage wird ein neues Lebensmodell erprobt: 33 Erwachsene und sieben Kinder leben und arbeiten in dem renovierten Ensemble.

50 Erwachsene und 20 Kinder könnten es einmal werden, wenn es nach den Plänen der Geschäftsführer geht. Arbeit ist genügend vorhanden – in den Künstlerateliers, in den Gärten und Ställen, im Gasthaus, bei Workshops und Führungen und im Hotel. Auch Letzteres ist etwas Besonderes, die Zimmer von Künstlern gestaltet, der Frühstücksraum mit Gemeinschaftstischen und lauschigen Nischen. Im Park inspirieren kleine und größere Kunstwerke, etwa ein Holzfrosch, der sich mit Krone und Goldkugel als Froschkönig zu erkennen gibt, ein hölzernes Liebespaar oder ein steinerner Drache, der als Sitzmöbel dient. In einem Atelier entsteht eigene Mode, auf Holzregalen sind Töpferwaren ausgestellt, daneben fertigt eine Künstlerin zarte Figuren aus Glas. Auf dem weitläufigen Spielplatz tollen Kinder, und im Wirtshaus laben sich am Nachmittag Ausflügler an selbst gebackenem Kuchen und duftendem Kaffee. Die Tür zur barocken Kapelle steht einladend offen.

Die Gemeinschaft will keine geschlossene Gesellschaft sein, sondern Besucher dazu einladen, Blumenthal kennenzulernen und womöglich dieses Wohn- und Arbeitsexperiment selbst auszuprobieren.

Für tierliebe Kinder sind die Alpakas, die Esel und Hängebauchschweine auf Schloss Blumenthal die Attraktion.

WALLFAHRTSKIRCHE MARIA BIRNBAUM ///
MARIA-BIRNBAUM-STRASSE 51 /// 86577 SIELENBACH ///
0 82 58 / 9 98 52 30 /// WWW.MARIA-BIRNBAUM.DE ///

DAS GEHEIMNIS DES HOHLEN BAUMS

Wallfahrtskirche Maria Birnbaum bei Sielenbach

83

»Haben Sie den Birnbaum gefunden?«, fragt uns eine ältere Dame in der Wallfahrtskirche. Nein, haben wir nicht. »Ich zeig's Ihnen«, sagt sie freundlich. »Ich hätte ihn auch nicht gesehen.« Sie führt uns hinter den Altar. Und tatsächlich, da ist ein dicker, alter Baum. »Die Muttergottes ist direkt im hohlen Stamm«, erläutert die Dame noch und lässt uns dann allein mit dem Wunderwerk.

Die Barockkirche Maria Birnbaum ist in vielerlei Hinsicht außergewöhnlich. Ein imposantes Gotteshaus auf dem flachen Land. Von außen gleicht es mit seinen Kuppeln einem byzantinischen Sakralbau. Der Innenraum ist reich mit Stuck ausgestattet, aber doch nicht überladen. Auffallend sind die vielen Votivtafeln, die an die Wunder erinnern, die »die Muttergottes mit den Sieben Schmerzen« bewirkt haben soll. Ihr ist die Kirche geweiht. Der Legende nach ereigneten sich die ersten Wunderheilungen, gleich nachdem ein Dorfhirte das von schwedischen Soldaten verstümmelte und in einen Teich versenkte Marienbild geborgen und in einen hohlen Birnbaum gestellt hatte. Um diesen Birnbaum herum wurde die barocke Wallfahrtskirche gebaut. Und bis heute steht das Gnadenbild in dem hohlen Stamm, den wir dank der freundlichen Dame hinter dem Hochaltar entdeckt haben.

Wenn man die auffallend schöne Kirche heute sieht, mag man gar nicht glauben, dass sie im 19. Jahrhundert beinahe abgerissen worden wäre. Hätten sich nicht zwei Bauern aus dem nahen Sielenbach vehement gegen die Demontage eingesetzt und ihr Vermögen für den Erhalt geopfert, gäbe es Maria Birnbaum heute nicht mehr. Ebenso wenig wie den Klosterladen und die Gaststätte samt Vinothek, die der Deutsche Orden geschäftstüchtig an dieser Stelle errichten ließ. Und ich hätte einen Lieblingsort weniger.

☞ Alljährlich feiert Sielenbach die Himmelfahrt Mariens mit einer großen Prozession und einem Klosterfest.

BAUERNMARKT DASING /// AN DER BRANDLEITEN 6 /// 86453 DASING ///
0 82 05 / 95 99 10 /// WWW.BAUERNMARKT-DASING.DE ///

AUS DER REGION FÜR DIE REGION

Bauernmarkt Dasing

84

Die Werbung ist von der Autobahn, die von München nach Augsburg führt, gut zu sehen, und so mancher Fahrer nimmt gleich die nächste Ausfahrt, um im Bauernmarkt in Dasing Pause zu machen. Hier kann man nicht nur bodenständig essen, sondern auch Erzeugnisse der regionalen Landwirte erwerben – und das selbst an Sonn- und Feiertagen. Der Markt hat 364 Tage im Jahr geöffnet, nur am ersten Weihnachtsfeiertag ist die sonst einladend offene Tür geschlossen.

Ungewöhnlich wie die Öffnungszeiten ist der gesamte Bauernmarkt am Dasinger Ortsrand, immerhin das größte Direktvermarktungsprojekt in Bayern: Unter dem Motto »Zusammen sind wir stärker« machen Landwirte aus dem Wittelsbacher Land seit über 15 Jahren gemeinsame Sache. Sie vermarkten Produkte »aus der Region für die Region«. Es gibt eine eigene Metzgerei, eine Backstube und ein Restaurant, einen Spielplatz für die Kleinsten und natürlich eine große Markthalle – alles unter einem Dach. Zu kaufen sind Spezialitäten wie handgewalzte Nudeln, eingeweckte Gurken, selbst gemachte Marmeladen, besondere Gewürze und Öle. Mindestens 50 Prozent der Erzeugnisse, die auf dem Bauernmarkt angeboten werden, müssen aus der Region stammen. Aber es scheinen wesentlich mehr zu sein: Eier aus der Gegend, Gemüse von den umliegenden Feldern, Obst von den nahen Streuobstwiesen, Milchprodukte von den benachbarten Bauernhöfen, inklusive Bauernhofeis.

Manchmal backen die Bäuerinnen direkt vor den Augen der Gäste Kuchen. Und manchmal lädt der Markt zu Sonderaktionen wie Grillbüfetts. Und immer kommen die Besucher in Scharen, manche nur zum Schauen, doch die meisten lassen sich nur allzu gerne zu einem Einkauf oder einer genussvollen Rast verführen.

Jeden Tag lockt auf dem Bauernmarkt von 8 bis 11 Uhr ein Frühstücksbüfett unter dem Motto »All you can eat«.

ZUGANG ZUM MÜLLBERG ÜBER DEN PARKPLATZ AM EUROPAWEIHER ///
GERSTHOFER STRASSE 60 /// 86169 AUGSBURG ///

WEITERE INFORMATIONEN ERTEILT DIE STADT GERSTHOFEN ///
RATHAUSPLATZ 1 /// 86368 GERSTHOFEN /// 08 21 / 2 49 10 ///
WWW.GERSTHOFEN.DE ///

AUF DEM »MONTE SCHERBELLINO«

Müllberg bei Gersthofen

85

Augsburg verfügt nicht nur über viel Wasser, schöne Brunnen und hohe Türme. Seit Kurzem gehört der Stadt auch ein besonderer Berg, den sie sich allerdings mit dem Nachbarn Gersthofen teilt. 55 Meter hoch ist der »Monte Scherbellino«, der ehemalige Müllberg im Norden der Stadt. Seit Ende 2016 kann man ihn besteigen und von oben hinunterschauen auf die Türme von Augsburg, auf Friedberg und Gersthofen. 60 Jahre lang wurde an diesem Platz Abfall abgeladen – und auf einem Nachbarareal wird er bis heute deponiert. Der jetzt als Naherholungsgebiet angelegte »Monte Müll« ist vor Jahren saniert worden, wobei der Unrat durch eine meterdicke Schicht aus Lehm, Folien, Kies und Erde isoliert wurde. Schon längst wächst nicht nur Gras über dem Abfall, auch Bäume und Sträucher gedeihen prächtig.

Im Frühjahr zwitschern Vögel zwischen blühenden Zweigen. Insgesamt 2.400 Meter lange Wanderwege führen auf unterschiedlichen Routen zum »Gipfel«, auf dem Ausflügler auf Bänken den 360-Grad-Panoramablick genießen. Die Öffnung des Areals für jedermann hat sich gelohnt. Billig war das Projekt allerdings nicht. Auf rund 760.000 Euro haben sich die Investitionskosten letzten Endes summiert. Denn die Regierung von Schwaben erlaubte den öffentlichen Zugang nur unter bestimmten Auflagen. So mussten die Wege eingezäunt und die Gasbrunnen aufwendig gesichert werden. Schließlich produziert der im Verborgenen lagernde Müll nach wie vor brennbares Gas. Die über 100 Brunnen, in denen dieses aufgefangen wird, sind sichtbares Zeichen für die Besonderheit dieses Berges.

Unsichtbar ist das Innenleben: Wie Blutbahnen den Körper durchziehen 60 Kilometer Leitungen den »Monte Müll«. Sicherheitsabsperrungen und Schranken dienen neben den Zäunen dem Schutz der Besucher. Und die kommen gerne, um ihre Umgebung mal aus einer ganz anderen Perspektive zu sehen.

In den nahen Lechauen lädt ein »Dschungelpfad« dazu ein, Auwald, Heideflächen und Bäche zu entdecken.

BALLONMUSEUM GERSTHOFEN /// BAHNHOFSTRASSE 12 ///
86368 GERSTHOFEN /// 08 21 / 2 49 15 06 ///
WWW.BALLONMUSEUM-GERSTHOFEN.DE ///
STADTHALLE GERSTHOFEN /// RATHAUSPLATZ 1 /// 86368 GERSTHOFEN ///
08 21 / 2 49 15 50 /// WWW.STADTHALLE-GERSTHOFEN.DE ///

WIE DER MENSCH DEM HIMMEL NAHE KAM

Ballonmuseum Gersthofen

86

Was als Erstes in Auge sticht, ist der große Ballon mit der schönen Gondel, ein Nachbau des Gefährts, mit der Freiherr von Lütgendorf 1780 im Augsburger Siebentischwald erfolglos versuchte, dem Himmel näher zu kommen. Das beeindruckende Ausstellungsstück bildet das Herz des Ballonmuseums in Gersthofen vor den Toren Augsburgs.

Im ehemaligen Wasserturm mitsamt Museumsanbau kreisen Besucher bei einem Rundgang auf einer Rampe, die man am besten von oben nach unten begeht, immer um den gelb-roten Blickfang. Dabei können sie anhand von Exponaten, interaktiven Installationen und Inszenierungen die Entwicklung der Ballonfahrt von der ersten Montgolfiere bis zum Luftschiff nachvollziehen, von den frühen Flugversuchen bis zum rekordverdächtigen Aufstieg von Auguste Piccard. Der Schweizer Wissenschaftler stieß 1931 mit einem mit komprimiertem Wasserstoff gefüllten Ballon von Augsburg aus in eine Höhe von 15.781 Metern vor. Ein kurzes Hörspiel vermittelt fast das Gefühl, dabei gewesen zu sein. Schautafeln erklären zudem, was einen Heißluft- von einem Gasballon unterscheidet oder wie dramatisch die Ballonexpedition an den Nordpol im Jahre 1898 endete.

»Das erhabene Schauspiel einer Luftauffahrt«, wie es in diesem europaweit einzigartigen Museum inszeniert wird, fasziniert auch Laien. Ich lasse mir gerne vorführen, »wie der Mensch an den Himmel kam«. Und natürlich lasse ich mich dazu verführen, bis zum obersten Stock des Wasserturms »aufzusteigen«, um die Sammlung zu sehen, die der Ballonfahrer Alfred Eckert zusammengetragen hat: Ballonbilder und -skulpturen, Tassen und Teller mit den Luftgefährten, ja sogar einen Stuhl mit einer Ballonlehne und ein Schachspiel in der entsprechenden Form. Dazu Münzen, technische Zeichnungen, Ballonpost und die Rekonstruktion der historischen Gondel, mit der Eckert 1960 – 175 Jahre nach dem Pionier Blanchard – den Ärmelkanal überwand.

Die Stadthalle Gersthofen ist eine gute Adresse für Konzerte, Theater und Shows.

WITTELSBACHER SCHLOSS /// SCHLOSSSTRASSE 21 ///
86316 FRIEDBERG /// 08 21 / 6 00 26 81 ///
WWW.MUSEUM-FRIEDBERG.DE ///

TOURISTINFORMATION FRIEDBERG /// MARIENPLATZ 5 ///
86316 FRIEDBERG /// 08 21 / 6 00 24 51 /// WWW.FRIEDBERG.DE ///

WEHRANLAGE UND WITWENSITZ

Wittelsbacher Schloss in Friedberg

87

Das trutzige Wittelsbacher Schloss hat eine 21 Millionen teure Schönheitskur hinter sich und präsentiert sich nun als »adäquates Heim für Kunst und Kultur«, wie die Stadt Friedberg wirbt.

Die beeindruckende Vierflügelanlage hat nicht nur herrschaftliche Zeiten erlebt wie im 16. Jahrhundert, als die lustige Witwe Christina von Lothringen hier mit großem Pomp residierte und rauschende Feste feierte. Im 13. Jahrhundert als Wehranlage konzipiert und später im Renaissancestil umgebaut, diente das Schloss im Lauf der Jahrhunderte profanen Zwecken – als Fayence-Manufaktur. Zeitweise beheimatete es die Forstverwaltung, nach dem Krieg musste es als Unterkunft für Kriegsgefangene und später für Obdachlose herhalten. Noch viele Jahre später war in den Räumlichkeiten ein Casino für amerikanische Offiziere untergebracht. Heute gehört das Schloss der Stadt, und die hat sich entschlossen, das eindrucksvolle Ensemble aus dem Dornröschenschlaf zu wecken.

Auf dem neu angelegten Schlosshang wurde nicht nur saniert und renoviert, sondern auch eine neue Konzeption verwirklicht, die modernen Ansprüchen Rechnung trägt. So zog das Museum in den Südteil des Schlosses, wo Besucher bei einem Rundgang in Friedbergs Geschichte eintauchen können, die bis in die Zeit der Römer und Kelten reicht. In der »Schatzkammer« sind die schönsten und ausgefallensten Uhren aus dem 17. und 18. Jahrhundert zu sehen – von der Tisch- bis zur Kutschenuhr, alles fein ziseliert. Sie waren fleißige und kunstvolle Tüftler, diese Friedberger Uhrmacher! Auch die Fayencen sind mehr als einen Blick wert. Deutlich vom Museum getrennt ist jetzt der Veranstaltungsbereich, der das Schloss zum »kulturellen Herzen« der Stadt machen soll. Treffpunkt für alle ist das Museumscafé mit der schönen Sonnenterrasse.

Lohnend ist ein Bummel entlang der alten Stadtmauer Friedbergs mit einem Ausblick auf Augsburg, das einem zu Füßen zu liegen scheint.

GUT MERGENTHAU /// MERGENTHAU 1 /// 86438 KISSING ///
08 21 / 50 20 70 /// WWW.GUT-MERGENTHAU.DE ///

AUSGANGS- UND ENDPUNKT DER RADTOUR IST DER HOCHABLASS,
DAS LECHWEHR IN AUGSBURG-HOCHZOLL AM RAND DES
SIEBENTISCHWALDES /// WWW.AUGSBURG-TOURISMUS.DE ///

RÄUBER UND REBELL

Hiasl-Radtour über Gut Mergenthau nach Augsburg

88

Er wurde 1736 als Matthäus Klostermayr in eine Kissinger Tagelöhnerfamilie hineingeboren und lernte schon früh den Unterschied zwischen Arm und Reich kennen. Als Jagdgehilfe im nahen Jesuitenkloster – dem Orden gehörten damals Schloss und Gut, wie fast alles in Kissing – stellte sich der Junge zwar geschickt an, weil er sich jedoch über einen Pater lustig machte, der statt eines Hasen eine Katze erschossen hatte, wurde er aus dem Dienst entlassen. Fortan lebte der »Hiasl« nach seinen eigenen Gesetzen, schoss, was ihm vor die Flinte kam, und gründete gar eine Räuberbande. Das konnte nicht gut gehen. Im Alter von 35 Jahren wurde der »Mordbube« in Dillingen erdrosselt, gerädert und gevierteilt. Doch in der Bevölkerung lebt der mutige Wildschütz, der seine Beute mit den Armen teilte, weiter – als bayerischer Robin Hood.

In seinem Geburtsort vor der Alten Schule steht eine Skulptur Hiasls, von Hermann Hosp 1986 geschaffen, die den als Sozialrebellen verklärten Kissinger in Begleitung eines Hundes darstellt. Bei einer von der *Regio Augsburg Tourismus GmbH* konzipierten Radtour kann man darüber hinaus auf den Spuren des Räubers wandeln. Ausgangspunkt der landschaftlich reizvollen Strecke ist der Hochablass in Augsburg. Über das Naturschutzgebiet am romantischen Auensee führt sie nach Kissing mit dem Hiasl-Denkmal und über Felder und Wiesen weiter nach Gut Mergenthau, jahrelang Heimat der Hiasl-Erlebniswelt.

Vom idyllisch gelegenen Landsitz, zwölf Kilometer östlich von Augsburg, kann man zurück nach Kissing oder zum Hochablass radeln. Wer noch Energie hat, kann die größere Rundtour über Bachern nach Baindlkirch sowie über Merching, den Mandicho- und den Weitmannsee zurück zum Hochablass wählen.

☞ Auf Gut Mergenthau findet an den Adventswochenenden eine Waldweihnacht statt.